论说文之道

田然◎编著

北京航空航天大学出版社
BEIHANG UNIVERSITY PRESS

图书在版编目（CIP）数据

论说文之道 / 田然编著. - -北京：北京航空航天大学出版社，2020. 4
ISBN 978-7-5124-3286-4

Ⅰ. ①论… Ⅱ. ①田… Ⅲ. ①汉语–写作–研究生–入学考试–自学参考资料 Ⅳ. ①H15

中国版本图书馆 CIP 数据核字（2020）第 050494 号

论说文之道

田 然 编著
责任编辑 崔昕昕
*
北京航空航天大学出版社出版发行
北京市海淀区学院路 37 号（邮编 100191） http：//www. buaapress. com. cn
发行部电话：（010） 82317024 传真：（010） 82328026
读者信箱：bhjiaopei@163. com 邮购电话：（010） 82316936
北京时代华都印刷有限公司印装 各地书店经销
*
开本：850×1 168 1/32 印张：3. 75 字数：84 千字
2020 年 4 月第 1 版 2020 年10月第 2 次印刷
ISBN 978-7-5124-3286-4 定价：39. 00 元

若本书有倒页、脱页、缺页等印装质量问题，请与本社发行部联系调换。
联系电话：（010） 82317024

前言:论说文不行,在于缺乏认知

从事 MBA/MPAcc 写作教学七八年,我在逐步探索"老师怎么教更好,学生怎么学更有效"。最开始,我们教结构,教套路,帮学生快速拿到基本分;接着,我们想着,学生写作缺内容,我们教素材,带着学生记各种素材、案例;然后,我们发现学生写的话都是"白开水",于是提供精细批改,希望提升学生的语言表达能力;最后,我们发现低分都是跑题造成的,便首创"审题特训营",开设审题专项训练。几年下来,我们发现,这些都对,但还不够。

结构思路,必须教,应该教,但学完之后只会基本框架,未必写得好内容;素材事例可以积累,但只能锦上添花,应该从必修课改为选修课,看个人需要。如果投入大量精力,也有可能得不偿失。大量记忆孤立的素材案例,一堆事例,一盘散沙,多数人忘得比记得还快。语言表达真的能在短期内改善吗?说实话,很难。二三十年以来形成的语言表达水平,很难在短期内改善,尤其你还太不可能给写作充裕的练习时间;再说,提升语言水平,性价比也不高。最后,审题必须练,但太多人不重视。它可以保你不跑题,不低分,不功亏一篑。即使这么重要,审题还是常被忽视。这一年,你还会听我反复提及审题。但审题不能帮你冲击高分,冲击高分、下笔畅快的秘诀还在这四点之外。

慢慢地,我发现,学生写作问题出现的核心在于缺乏"认知",没有达到考试所要求的对管理话题及相关领域话题的必备"认知"。说到"风险",一分钟内你能说出几层对它的认识?说到"短视""互利""变革"呢?你是不是大脑一片空白?不

用说想到切合的事例,你若能想到几层对它的基本认识和看法,一篇文章就写出来了。例如2009年真题,“由三鹿奶粉事件所想到的”。请问你想到了什么?应该想到类似这些核心要点:

企业追求利润有合理性,但必须走正道,谋财害命丧失诚信,丧失道德;

通过坑害消费者谋利是短视行为,一时获利,一世受损,害人终害己;

品牌易毁难建,必须悉心保护,企业品牌一旦有损,得不偿失;

企业敢有这样的行为,在于食品安全标准不高、标准不细,监督检验把控不严,相关领域可能有渎职现象,企业违法成本不高,所以敢于铤而走险;

因此,政府必须完善制度,加强监管,加大惩治,提高违法成本;企业必须树立长远意识,以利人达利己意识,拒绝短视行为;媒体应该发挥监督作用。

有没有发现,如果看到试题考生自动有这些“认知”“看法”,一篇作文的一半就写完了。除此之外,只要具备基本而不必复杂的结构知识,几乎不需要素材事例,也不需要精美、有气势的语言,就可以写出一篇好作文。

那么,好作文到底靠什么,就已经显而易见了——靠“认知”:靠对话题的认知能力,靠对考试范围内的管理、经济、社会等话题的充足认知。2009年这道题就是面对“逐利”话题,你有多少“认知”储备。如果你对“逐利”认识透彻,这篇作文便可轻松拿下。

所以,原本你想到作文,以为审题、结构、文笔重要,但这时你理解了,“认知”更重要。而提升应考必备认知并非漫无边

际,考试范围以管理、经济、社会类话题为主,我们以这些为范围,有20余个必备话题,你必须掌握。这是最简单有效的作文高分之道。对于写作各个部分的重要性,可以这样打分:

练习审题☆☆☆

掌握结构☆☆

储备素材☆

提升语言☆

提升认知☆☆☆

所以,作文之痛不在于简单易学的结构模板,不在于背无尽头的素材事例,不在于收效甚微的语言提升,而在于你对相关话题的“认知水平”。

所以,这本小书必须出版。我们有教材《管理类、经济类联考田然写作通关指南》,还有真题《管理类联考田然写作历年真题精讲》。但这些是技法,而非心法。技法就是技巧、结构,心法就是认知。请记住,“写作高分 = 技法 + 心法”。金庸小说里,华山派有气宗和剑宗之争,武功有内功和招式之分,哪个更重要?都重要。不能只学技法,不学心法。

这本小书是写作全年必备三本书之一。《管理类、经济类联考田然写作通关指南》让你认识考试,学技巧、学结构;《管理类联考田然写作历年真题精讲》讲透考题,借鉴优秀作文,帮你深刻理解考试;《论说文之道》浓缩知识精华,提炼应试必须达到的认知水平。三本书配套使用,缺一不可,既有技法,又有心法。

这本小书,从“一”到“八”,涵盖了论说文的所有知识精华,希望你或放在包里,或放在枕边,隔三岔五拿出来读读。不必像研习教材那般严肃,不必像做逻辑题那样紧张,以放松、悠闲的心态，安安静静、轻轻松松，当作我跟你的聊天，我跟你的对话，时而掩卷而思，时而若有所悟，不知不觉间，就复习完论述文的所有要点了。

要是学习都如此轻松，多好。

田然

2020 年 3 月

先导章:写作之道

第一节　基本信息

写作考试分为两种题型,论证有效性分析和论说文。

论证有效性分析,要求阅读一篇 500 字左右的试题材料,写一篇 600 字左右的作文,答题时间约为 30 分钟,满分 30 分。

论说文,要求阅读一篇 100 字左右的简短材料,写一篇 700 字左右的作文,答题时间同样控制在 30 分钟以内,满分 35 分。

可见,写作在管理类联考综合试卷中占有 1/3 的分数比重和时间比重。同时,1300 字的写作要求也是不小的挑战。写作分值和答题时间与数学、逻辑相当。可以看出,三门考试基本上重要性相当。我们应该对写作给予充分的重视。

第二节　考查本质

论证分析是指出他人论证过程的错误,论说文是以正确的方式说服他人。

论证有效性分析考试,要求我们分析他人所写的一篇文章(该文章其实就是一篇论说文),并且找出其中的论证缺陷以及逻辑漏洞,进而阐述分析这些缺陷、漏洞。所以,论证有效性分

析的本质在于指出他人论证存在的问题。在这个过程中,我们不能表达自己的看法。同样的,我们也不关注材料中探讨的话题本身。无论试题材料讨论的是经济问题、管理问题还是历史问题,这个问题本身不是我们分析的对象,其论证过程才是我们要分析的对象。我们要把所有的精力都放在找寻和分析对方的论证缺陷上。

论说文,要求我们根据试题提示,形成一个自己的观点,对这个观点作充分阐释,达到证明观点的效果。所以,论说文必须提出鲜明的观点。论说文要对自己的观点加以证明。在这个过程中,我们要避免论证缺陷和逻辑漏洞,因为证明的过程本质上就属于论证过程。

由此可见,论证有效性分析与论说文,就好似矛与盾的关系。论证有效性分析中,我们分析他人的论证文章,指出其错误,避免我们被错误的东西误导。论说文则相反,我们提出自己的观点,相应的,要以正确的方式说服他人,避免出现论证缺陷和逻辑错误。所以,我们写出来的论说文,在别人眼中又可以被用来做论证有效性分析。

为什么要考这两个考试?因为管理类、经济类硕士研究生未来在工作岗位上会经常面对他人的观点、说服,我们需要有甄辨能力;同时,工作中还要学会理性、有逻辑地说服他人。所以,小心甄别被他人说服的过程,防止误信错误观点,非常重要。同样,学会主动出击说服别人同样重要。高级岗位人才必须具备有逻辑地分析与说服的能力。这就是本考试考查大家这两项能力的原因。用心学习,除了应对考试,还可以提升自身能力,使自己在今后也能受益。

第三节　论证有效性分析备考指导

论证有效性分析对于我们来说开始陌生,熟悉后则简单。论证有效性分析与我们所学的论证逻辑,既有很大的联系,也有少量的区别。所谓联系是指两者本质相同,都是考查论证知识和技能。知识基础基本相同,所涉及的逻辑谬误范围大致相同。所以学好论证逻辑,打下坚实基础,对后面掌握论证有效性分析很有帮助。二者的区别主要有两点:第一,在题型上,一个是选择题,一个是主观题;第二,在内容上,论证逻辑包含的内容更多。

学习论证有效性分析,要抓住两条主线:一、缺陷类型;二、相关技巧。缺陷类型就是论证缺陷、逻辑漏洞类型,也俗称错误类型。每个老师讲授略有差异,我们讲授十种错误类型。必须掌握这十种错误类型,掌握其识别特征、作答思路。相关技巧指读题、作答必备五个过程的技巧(五步法):读—找—选—析—写。五个过程各有多个技巧要点,应研习掌握。要想作文拿高分,首要找点不能错,这要靠掌握十大题型;其次,分析透彻有力,这要靠分析技巧的耐心训练。

以上内容在《管理类、经济类联考田然写作通关指南》一书中都有详细阐述解读,读者认真研习,论证有效性分析一般可以拿到22分以上。论证有效性分析不会有考场意外,一分耕耘,一分收获,只要努力到位,训练到位(数量、强度),得高分很有保障。全年学习量要求如下:

一、研读教材三遍:“十大题型”和“五步法”(7、9、11月)。强调多遍研读符合认识与实践的关系:学完知识做题,做完题再回看研读知识,又有更深层体会感悟,接着再去做题。故而强调不同月份多次研究教材。配套教材:《管理类、经济类联考田然写作通关指南》。

二、用“真题四步法”做完近十年真题,每年真题在7、9、11月各写一遍(真题价值很高,必须反复使用,切记)。配套教材:《管理类、经济类联考田然写作历年真题精讲》。

三、训练10~15套高质量模拟题或早年真题,这些题可以只写一遍。配套教材:《管理类联考综合能力田然模拟预测八套卷》等。

四、认真总结技巧和真题,揣摩领悟出题思路、找寻技巧、作答技巧,用心体会,扎实备考,通常可以拿到22~25分。

第四节　论说文备考指导

论说文备考分为四个部分:审题、结构、认识和素材。

一、审题。审题是奠定得分的关键,通常分为正确审题、偏题和跑题。正确审题在旱区可以拿到20分以上,偏题通常在15分以上,跑题通常在10分左右。所以,审题决定成败。审题学习靠两点:第一,研习教材;第二,听课,听老师讲正确思路。我们对审题必须高度重视,凡是看到审题课,都要一节不落。

二、结构。审题完毕后,需要快速建立全文架构,决定每段内容,这就是结构部分。这是所谓作文“技法”的核心所在。结构学习难度不大,认真看教材和听课都能掌握,笔者所讲的结构是最容易上手和拿分的结构方法。

以上两个部分主要使用《管理类、经济类联考田然写作通关指南》,这是我们全年的核心教材,主要定位于技法的讲授。

三、认知。指看到话题,你对它有什么反应和认识。在审题正确、结构合理的前提下,认知差异成了拉开考生分数的关键所在。这本《论说文之道》,主要聚焦认知能力部分。认知能力提升是最艰难的,也是最根本的。所以,建议读者熟读这本小册子,平时注意积累对各种话题的认知。

请务必分清“认知”与“素材”的关系。比如:如何认识风险——这是认知;能够想到与承担风险有关的事例——这是素材。前者是得分的关键,后者是锦上添花。认知的提升不仅在于书本,还在于平时养成深刻思考的习惯。认知的提升没有终点,需要在备考的整个过程中不断精进和磨炼。学习一年下来,最终你会发现,这道论说文考题,终极是比认知的深度。

四、素材。指文中列举的事例,如企业案例、著名人物、历史故事等。事例素材在作文中并非必要的存在。作文中可以举例,也可以不举例。好的事例可以加分,坏的事例还可能减分。初学者经常以不断讲述事例的方式写完整篇作文,这是初学者常犯的错误。论说文重在论证观点、分析议论,列举事例只能锦上添花。所以请记住,没有事例,全文从头到尾都是分析,亦是可以的。事例素材可以使用《管理类、经济类联考田然写作素材范文宝典》,该书定位于补充常考话题的企业案例和典型事例。

对于写作素材,我们持有中立的看法,既不反对大家积累素材,也不大规模鼓励所有人读素材,背素材。建议每个人根据自身情况选择——越善于分析,则可以越少花时间、精力积累素材。当然,积累素材也不失为一种学习写作的方法,但客观来说,其作用排在练习审题、掌握结构和提升认知之后,作用效果相对较小。如果时间有限,先要做好前三者。积累素材不要自己收集，这样做实在太慢，浪费时间，完全可以使用辅导老师整理好的相关书籍，例如《管理类、经济类联考田然写作素材范文宝典》。熟读和掌握《管理类、经济类联考田然写作素材范文宝典》足够考生写作考试之用，而且还有富余。

此外，部分考生担心书写字迹，则可以使用《管理类、经济类联考写作字帖》，这本书的书写内容专为管综写作设计，考生可一边练字，一边积累范文、范段，有一举两得的效果。

从备考顺序看，可以分为四个阶段：

第一，掌握技能，主要使用《管理类、经济类联考田然写作通关指南》。

第二，实际动笔，要求大家熟练吃透论说文历年真题，范围是从 2004 年到 2020 年这 17 年的真题。学习教材为《管理类联考田然写作历年真题精讲》，该书讲透每道真题的命题背景、试题解读、参考范文、相关阅读，提供一类文到五类文的考生真实习作，彻底讲透每一年真题。要求大家按照真题四步法把每道真题至少写一遍。

第三，批改提升，实际动笔后，建议考生必须批改作文，可以自己批改，也可以相互批改，还可以报批改班。

第四，不断提升认知。一是反复阅读本书，二是留心社会、勤加思考。整个复习周期，建议从 8 月初开始，直到考前。其中，认知的磨炼越早越好，所以我们才决定上半年提前出版这本《论说文之道》。

综上，图书定位汇总如下：

写作图书	内容定位
《管理类、经济类联考田然写作通关指南》	论证有效性分析:各类题型、模板公式、文章写法; 论说文:审题、结构、行文(即技法)
《管理类联考田然写作历年真题精讲》	论证有效性分析和论说文近 30 套真题超详解,极致吃透历年真题,“得真题者得写作”
《论说文之道》	论说文必备话题的深度认知(即心法)
《管理类、经济类联考田然写作素材范文宝典》	积累论说文写作素材,60 个话题,300 余则鲜活事例
《管理类、经济类联考写作字帖》	改善写作字迹

什么是“真题四步法”?

写作真题训练,要求按照真题四步法进行:

第一步,初写。按照规定时间,半小时独立写完作文(初期做不到,可放宽到一小时,慢慢会越写越快,后面要求严格按照考场时限完成)。

第二步,研习。研习《管理类联考田然写作历年真题精讲》中的“试题解读”和“参考范文”,并且参阅书中他人习作,研究总结,有则改之,无则加勉。

第三步,批改。研习完成后,对自己的作文逐段逐句进行修改,力争每句话都能有所改善和提升。这一步最难,不容易做到,大家普遍容易犯懒或妥协,不愿意直视自己的作文,但想要提升,就必须直视和改正。

第四步,重写。整理第二步所学和第三步批改的心得后,立即重写这篇试题作文,争取综合实践以上所学。

以上四步,每步用半小时左右,所以每次训练两个小时。其实,第三步、第四步是四步法精妙之所在,前两步人人都如此进行,并不稀奇。四步法精要在后两步。以四步法这种标准,才算做完一道真题,否则远没达标,可谓浪费真题价值。按照逐个标准,论证有效性分析要做近 10 年真题,论说文要做近 17 年真题。

第五节　论说文历年真题

2020 年管理类联考论说文真题

论说文:根据下述材料,写一篇 700 字左右的论说文,题目自拟。

据报道,美国航天飞机"挑战者号"采用了斯沃克公司的零配件。该公司的密封圈技术专家博易斯乔利多次向公司高层提醒:低温会导致橡皮密封圈脆裂而引发重大事故。但是这一建议一直没有受到重视。1986 年 1 月 27 日,佛罗里达州卡纳维拉尔角发射场的气温骤降到零度以下,美国宇航局再次打电话给斯诺克公司,询问其对航天飞机的发射还有没有疑虑之处。为此,斯洛克公司召开会议,博易斯乔利坚持认为不能发射,但公司高层认为他所持理由还不够充分,于是同意宇航局发射。1 月28 日上午,航天飞机离开发射平台,仅过了 73 秒,悲剧就发生了。

2019 年管理类联考论说文真题

论说文:根据下述材料,写一篇 700 字左右的论说文,题目

自拟。

知识的真理性只有经过检验才能得到证明。论辩是纠正错误的重要途径之一,不同观点的冲突会暴露错误而发现真理。

2018 年管理类联考论说文真题

论说文:根据下述材料,写一篇 700 字左右的论说文,题目自拟。

有人说,机器人的使命,应该是帮助人类做那些人类做不了的事,而不是代替人类。技术变革会夺取一些人低端繁琐的工作岗位,最终也会创造更高端更人性化的就业机会。例如,历史上铁路的出现抢去了很多挑夫的工作,但又增加了千百万的铁路工人。人工智能也是一种技术变革,人工智能也将促进未来人类社会的发展。有人则不以为然。

2017 年管理类联考论说文真题

论说文:根据下述材料,写一篇 700 字左右的论说文,题目自拟。

一家企业遇到了这样一个问题:究竟是把有限的资金用于扩大生产呢,还是用于研发新产品?有人主张投资扩大生产,因为根据市场调查,原产品还可以畅销三到五年,由此可以获得可靠而丰厚的利润。有人主张投资研发新产品,因为这样做虽然有很大的风险,但风险背后可能有数倍于甚至数十倍于前者的利润。

2016 年管理类联考论说文真题

论说文:根据下述材料,写一篇 700 字左右的论说文,题目自拟。

亚里士多德说:“城邦的本质在于多样性,而不在于一致性。……无论是家庭还是城邦,它们的内部都有着一定的一致性。不然的话,它们是不可能组建起来的。但这种一致性是有一定限度的。……同一种声音无法实现和谐,同一个音阶也无法组成旋律。城邦也是如此,它是一个多面体。人们只能通过教育,使存在着各种差异的公民统一起来组成一个共同体。”

2015 年管理类联考论说文真题

论说文:根据下述材料,写一篇 700 字左右的论说文,题目自拟。

孟子曾经引用阳虎的话:“为富,不仁矣;为仁,不富矣。”(《孟子·滕文公上》)。这句话表明了古代当时社会上对“为富”“为仁”现象的一种态度,以及对两者之间关系的一种思考。

2014 年管理类联考论说文真题

论说文:根据下述材料,写一篇 700 字左右的论说文,题目自拟。

生物学家发现雌孔雀往往选择尾巴大而艳丽的雄孔雀作为配偶,因为雄孔雀的尾巴越艳丽表明它越有生命活力,后代的健康越能得到保证。但是这种选择也产生了问题,孔雀尾巴越艳丽越容易被天敌发现和猎获,生存反而受到威胁。

2013 年管理类联考论说文真题

论说文:根据下述材料,写一篇 700 字左右的论说文,题目自拟。

20 世纪中叶,美国的波音与麦道两家公司几乎垄断了世界

民用飞机的市场,欧洲的制造商深感忧虑。虽然欧洲各国之间竞争也相当激烈,但还是争取了合作的途径,法国、德国、英国和西班牙等决定共同研制大型宽体飞机,于是“空中客车”便应运而生。面对新的市场竞争态势,波音公司和麦道公司于1997年一致决定组成新的波音公司,以此抗衡来自欧洲的挑战。

2012年管理类联考论说文真题

论说文:根据下述材料,写一篇700字左右的论说文,题目自拟。

中国现代著名哲学家熊十力先生在《十力语要》(卷一)中说:“吾国学人,总好追逐风气,一时之所尚,则群起而趋其途,如海上逐臭之夫,莫名所以。曾无一刹那,风气或变,而逐臭者复如故,此等逐臭之习有两大病:一、个人无牢固与永久不改职业,遇事无从深入,徒养成浮动性。二、大家共趋于世所矜尚之一途,则其余千途万途,一切废弃,无人过问。此二大病,都是中国学人死症。”

2011年管理类联考论说文真题

论说文:根据下述材料,写一篇700字左右的论说文,题目自拟。

众所周知,人才是立国、富国、强国之本,如何使人才尽快地脱颖而出是一个亟待解决的问题。人才的出现有多种途径,其中有“拔尖”,有“冒尖”。“拔尖”是指被提拔而成为尖子,“冒尖”是指通过奋斗、取得成就而得到社会的公认。有人认为我国当今某些领域的管理人才,“拔尖”的多而“冒尖”的少。

2010 年管理类联考论说文真题

论说文:根据下述材料,写一篇 700 字左右的论说文,题目自拟。

一个真正的学者,其崇高使命是追求真理。学者个人的名利乃至生命与之相比都微不足道,但因为其献身于真理就会变得无限伟大。一些著名大学的校训中都含有追求真理的内容。然而,近年学术界的一些状况与追求真理这一使命相去甚远,部分学者的功利化倾向越来越严重,抄袭剽窃、学术造假、自我炒作、沽名钓誉等现象时有所闻。

2009 年管理类联考论说文真题

以“三鹿奶粉事件所想到的”为题,写一篇 700 字左右的论说文。

2008 年管理类联考论说文真题

“原则”就是规矩,就是准绳。而在日常生活和工作中,常见的表达方式是:“原则上……但是……”。

请以“原则”与“原则上”为议题写一篇论说文,题目自拟,700 字左右。

2007 年管理类联考论说文真题

论说文:根据下述材料,写一篇 700 字左右的论说文,题目自拟。

电影《南极的司各脱》,描写的是英国探险家司各脱上校到南极探险的故事。司各脱历尽艰辛,终于到达南极,却在归途中不幸冻死了。在影片的开头，有人问司各脱：你为什么不能放弃探险生涯？他回答："留下第一个脚印的魅力。"司各脱为留下第一个脚印付出了生命的代价。

2006 年管理类联考论说文真题

根据下述材料，围绕企业管理写一篇论说文，题目自拟。700 字左右。

两个和尚住在东、西两座相邻的山上寺庙里，两山之间有一条清澈的小溪。这两个和尚，每天都在同一时间下山去溪边挑够一天用的水，久而久之，他们就成为好朋友了。

光阴如梭，日复一日，不知不觉已经过了三年。有一天，东山的和尚没有下山挑水，西山的和尚没有在意："他大概睡过头了。"哪知第二天，东山的和尚还是没有下山挑水；第三天、第四天也是如此，西山的和尚担心起来："我的朋友一定是生病了，我应该去拜访他，看是否有什么事情能够帮上忙。"于是他爬上了东山去探望他的老朋友，到达东山的寺庙，看到他的老友正在庙前打太极拳，一点也不像几天没喝水的样子，他好奇地问："难道你已经修炼到可以不用喝水就能生存的境界了吗？"东山和尚笑笑，带着他走到寺庙后院，指着一口井说："这三年来，我每天做完功课．都会抽空挖这口井。如今终于挖出水来了，我就不必再下山挑水啦。"西山和尚不以为然："挖井花费的力气远远甚于担水，你又何必多此一举呢？"

2005 年管理类联考论说文真题

根据下述内容，自拟题目，写一篇短文，评价丘吉尔的决策，说明如果你是决策者，在当时情况下你会做出何种选择，并解释决策依据。700字左右。

二战期间英国首相丘吉尔曾做出一个令他五内俱焚的决定。当时盟军已经破译了德军的绝密通信密码,并由此得知德军下一个空袭目标是英国的一个城市考文垂。但是,一旦通知这个城市做出任何非正常疏散和防备都将引起德军的警觉,使破译密码之事暴露,从而丧失进一步了解德军重大秘密的机会。所以丘吉尔反复权衡,最后下令不对这个城市做任何非正常的提醒。结果考文垂在这次空袭中一半被焚毁,上千人丧生。然而通过这个密码,盟军了解到德军几次重大战役中兵力部署情况,制订了正确的反应战略,取得了重大军事胜利。

2004年管理类联考论说文真题

论说文:根据下述材料,写一篇700字左右的论说文,题目自拟。

一位旅行者在途中看到一群人在干活,他问其中一位在做什么,这个人不高兴地回答:"你没有看到我在敲打石头吗?若不是为了养家糊口,我才不会在这里做这些无聊的事。"旅行者又问另外一位,他严肃地回答:"我正在做工头分配给我的工作,在今天收工前我可以砌完这面墙。"旅行者问第三位,他喜悦地回答:"我正在盖一座大厦。"他为旅行者描绘大厦的形状、位置和结构,最后说:"再过不久,这里就会出现一座宏伟的大厦,我们这个城市的居民就可以在这里面聚会、购物和娱乐了。"

2019年经济类联考论说文真题

论说文:阅读下面的材料,并据此写一篇不少于600字的论

说文,题目自拟。

法国科学家约翰·法伯曾做过一个著名的“毛毛虫实验”。这种毛毛虫有一种“跟随者”的习性,总是盲目地跟着前面的毛毛虫走。法伯把若干个毛毛虫放在一只花盆的边缘上,首尾相接,围成一圈。他在花盆周围不远的地方,撒了一些毛毛虫喜欢吃的松叶。毛毛虫开始一个跟一个,绕着花盆,一圈又一圈地走。一个小时过去了,一天过去了,毛毛虫们还在不停地、固执地团团转,一连走了七天七夜,终因饥饿和筋疲力尽而死去。这其中,只要任何一只毛毛虫稍稍与众不同,便立刻会吃到食物,改变命运。

2018 年经济类联考论说文真题

论说文:阅读下面的材料,并据此写一篇不少于 600 字的论说文,题目自拟。

近日有报道称,某教授颇喜穿金戴银,全身上下都是世界名牌,一块手表价值几十万,所有的衣服和鞋子都是专门定制,价格不菲。他认为对“好东西”的喜爱没啥好掩饰的。“以前很多大学教授都很邋遢,有些人甚至几个月都不洗澡,现在时代变了,大学教授应多注意个人形象,不能太邋遢了。”

2017 年经济类联考论说文真题

论说文:阅读下面的材料,以“是否应该对穷人提供福利?”为题,写一篇不少于 600 字的论说文。

国家是否应该对穷人提供福利存在较大的争论。反对者认为:贪婪、自私、懒惰是人的本性。如果有福利,人人都想获取。贫穷在大多数情况下是懒惰造成的。为穷人提供福利相当于把努力工作的人的财富转移给了懒惰的人。因此,穷人不应该享受福利。

支持者则认为:如果没有社会福利,则穷人没有收入,就会造成社会动荡,社会犯罪率会上升,相关的合理支出也会增多。其造成的危害可能大于提供社会福利的成本,最终也会影响努力工作的人的利益。因此,为穷人提供社会福利能够稳定社会秩序,应该为穷人提供福利。

2016 年经济类联考论说文真题

论说文:阅读下面的材料,以“延长退休年龄之我见”为题,写一篇不少于 600 字的论说文。

自从国家拟推出延迟退休政策以来,就受到了社会各界的广泛关注,同时也引起激烈的争论。为什么要延长退休年龄?

赞成者说,如果不延长退休年龄,养老金就会出现巨大缺口;另外,中国已经步入老年社会,如果不延长退休年龄,就会出现劳动力紧缺的现象。

反对者说,延长退休年龄就是剥夺劳动者应该享受的退休福利,退休年龄的延长意味着领取养老金时间的缩短;另外,退休年龄的延长也会给年轻人就业造成巨大压力。

扫描二维码
回复“论说文之道”
领取配套视频

第一章　一个法则(3个步骤)

审题立意关乎成败。首先要审题准确。“审题不对,一切白费”。作文首先要正确理解试题材料,找到正确而合适的立意方向,进而展开详细的分析论证。多数同学审题靠“感觉大法”,但其实审题有技巧,有规律。

概括而言,要抓住三点:一、PAY 法则;二、辨识题型;三、梳理原文。

“PAY 法则”决定写什么,“辨识题型”决定结构框架,“梳理原文”助力行文内容,三者各有侧重。每次审题都要进行这三个步骤。“辨识题型”将在第二章详细讲解,本章先讲“PAY 法则”和“梳理原文”的思维。

一、PAY 法则

PAY 法则中的每个字母代表一个词:Problem、Attitude、Key Word。这三个词代表审题时的三个方面:难点、命题人潜在态度、关键词(包括主题词)。例如 2015 年真题:

孟子曾经引用阳虎的话:“为富,不仁矣;为仁,不富矣。”(《孟子·滕文公上》)。这句话表明了古代当时社会上对“为富”“为仁”现象的一种态度,以及对两者之间关系的一种思考。

Problem 难题

Problem,指试题经常给出两难处境、观点争论、事物矛盾。这些两难、争论、矛盾总是令人头疼、亟待解决。举例说明:

2019 年的 Problem 是：论辩虽好，但有冲突怎么办？

2016 年的 Problem 是：多样性虽好，但多样性与一致性有冲突怎么办？

2015 年的 Problem 是：为富虽好，但可能不仁怎么办？（同样，为仁虽好，但可能不富怎么办？）

2014 年的 Problem 是：雌孔雀选择漂亮尾巴的雄孔雀虽然后代健康，但可能“中年丧偶”怎么办？

总之，历年真题经常可以总结出“……虽好，但是……，怎么办？”这样的两难/矛盾之处。这个两难就是“为难考生”之处。逆向思考，考试就是为了区分考生、差别选拔的，所以“为难点”就是“考点”之所在，这个秘密可以称为——“为难我的是答案”。请记住这个重要结论。

为什么会这样出题呢？研究生入学考试重在考查分析能力、思辨能力、说理能力，因此需要通过设置矛盾、冲突，通过“为难”考生来考查其相应能力。如果天下太平、世界和谐，那要如何考查这些能力呢？在考题中，“Problem”几乎每年都有，只有少数年份除外。

Attitude 态度

Attitude，指通过试题表现出来的命题人的潜在态度，可能是支持，也可能是反对。审题必须以命题人的意思（态度）为准绳，而非你个人的意思或理解，否则将南辕北辙，犯下致命错误。例如 2007 年真题“司各脱南极探险”，原文使用“历尽艰辛”“不幸冻死”等字眼来描述，那么，命题人的潜在态度显然是支持司各脱的。所以，立意为“凡事量力而行”就明显跑题。

再如 2008 年真题，原文表述说“原则是规矩、准绳”，显然是褒义词，所以命题人已有明确态度——通过陈述坚守原则的

意义，提倡坚守原则。那么，正确立意就是“坚守原则”，而非“既要坚守原则，也要懂得灵活”。当年1/3考生审题为后者，全部偏题，作文因此大幅减分，可惜！

为什么会偏题？因为他们以自己对原则的认识为结果，而非以命题人的意思为结果，只考虑自己认为什么是对的，不考虑命题人认为什么是对的。他们认为面对原则应该“又坚守、又变通”。殊不知，考试里谁是真理？命题人就是真理。命题人说“坚守”，就是只有“坚守”。所以，考题中的价值观以谁为标准？不是你，不是你学过的知识，不是新闻报纸，而是命题人。

“Attitude 态度”并非每年都有，例如2011年、2014年、2018年的试题就没有。但在多数年份的试题中，命题人还是表现出了潜在的态度。注意：是潜在态度，需要你识别。

Key Word 关键词

Key Word，指材料中能够直接帮助我们找到正确立意的词。Key Word 可能是文中任意词语。例如2015年真题：

这句话表明了古代<u>当时</u>社会上对“为富”“为仁”现象的<u>一种</u>态度，以及对<u>两者之间关系</u>的<u>一种</u>思考。

首先可以找“富与仁”，这是主题词，当然可以找。但关键词不仅是主题词，还包括其他重要词语，例如这三个：“当时”“一种”和“两者之间关系”。

“当时”暗示原题论断是古人的看法，并非现在的观点，暗示现在可能变了，相当于划清了界限，为反驳提供了可能。试想，如果命题人说“习主席说……”，那还能批驳吗？所以，“当时”是 Key Word。

“一种”态度和“一种”思考，表明这个观点未必是古代统一而普遍的看法，可能仅是诸子百家中的一家之言。如果将“一种态度”换成“普遍态度”，那么，立意时就不宜轻易反驳。如果仅是一种态度，鉴于百家争鸣，我们则或可提出不同看法。当然，这个关键词相对隐蔽，要求我们细心读题。

“之间关系”表明不能只写“富与仁”中的某一个，必须两者都写，而且着重写两者之间的关系。许多人只写其中之一，只写“将仁装在心中”“为仁可富”“弘扬仁德”等。这类单方面论点都属偏题，而“富与仁可以兼得”或“为富可仁，为仁可富”这类全面阐述两者之间关系的立意才是正确的。所以，“之间关系”也是 Key Word。

“Key Word 关键词”不是每年都有，多数年份会有，而且有时同时出现多个，可能因为意思不同会混淆我们的思考。所以其判断准确性小于 Problem，如果跟 Problem 相悖，要以 Problem 为准。

二、辨识题型

审题第二步在于辨识题型。不同题型，写法不同，侧重不同，得分点不同。例如 2017 年真题：

一家企业遇到了这样一个问题：究竟是把有限的资金用于扩大生产呢，还是用于研发新产品？有人主张投资扩大生产，因为根据市场调查，原产品还可以畅销三到五年，由此可以获得可靠而丰厚的利润。有人主张投资研发新产品，因为这样做虽然有很大的风险，但风险背后可能有数倍于甚至数十倍于前者的利润。

我们的作文应该怎么写？是抽象为一个主题“创新”，写“个人要创新，企业要创新，国家也要创新”；还是就题论题，分析比较这两个选择的优劣，提出选择哪个观点并论证支持？判断该怎么写就要看题型。

根据第二章所讲题型知识，这是“观点态度题”（判断方法

将在后面详述),所以,我们要“就题论题”写作,具体分析这个问题,而非对“创新”话题泛泛而谈。那么,如果题目换个表达,换个出法呢?结果可能截然不同。所以,我们必须依靠判断题型,决定怎么写作。可见,判断题型至关重要。

三、梳理原文

梳理原文,又称挖掘题干信息。题目中往往有一些说法是能够被借鉴使用到我们的作文当中的,所以要梳理原文所表达过的所有含义,选取后为我们所用,类似借力打力。这个技巧特别有用。例如 2018 年真题:

有人说,机器人的使命,应该是帮助人类做那些人类做不了的事,而不是代替人类。技术变革会夺取一些人低端繁琐的工作岗位,最终也会创造更高端更人性化的就业机会。例如,历史上铁路的出现抢去了很多挑夫的工作,但又增加了千百万的铁路工人。人工智能也是一种技术变革,人工智能也将促进未来人类社会的发展。有人则不以为然。

请问这里有几层含义?考场中不要急于动笔原创作文,先一句一句梳理材料:

(1)人工智能应该帮助人类做那些做不了的事,人工智能也是一种技术变革,也将促进未来人类社会的发展。

(这是人工智能的好处:第一,帮助人类做本来做不了的事;第二,促进人类社会发展。两条理由摆在这里,作文里“好处”一段怎么写,不就有着落了吗?)

(2)人工智能会夺取一些低端繁琐的工作岗位。

(这是人工智能的弊端,作文里“弊端”那段怎么写,便显而易见了:失业问题。)

(3)技术变革最终也会创造更高端更人性化的就业机会,

抢去了很多挑夫的工作,但又增加了千百万的铁路工人。

(这里是如何看待弊端:第一,人工智能虽然会取代某些岗位,但取代的是不好的岗位,可以借此变革争取更好的岗位;第二,人工智能可能取代岗位,但更可能新增岗位,而且新增的很可能比取代的多。写完利弊,“议论分析”那段也有着落了。)

同学们可以看到,命题人虽然抛出了难题 Problem:“人工智能虽好,但是会下岗失业怎么办?”但是,他自问自答了,经过分析发现,做此题易如反掌——一篇作文除去开头、结尾,中间四个段落,有三个段落都不用自己写。

梳理原文后,这篇作文的“正面好处”“存在弊端”“如何看待弊端”,三大核心段落迎刃而解,我们最多写个“对策措施”。所以,梳理原文重不重要?太重要了。我们必须具备梳理原文这个思维。

审题三大步骤

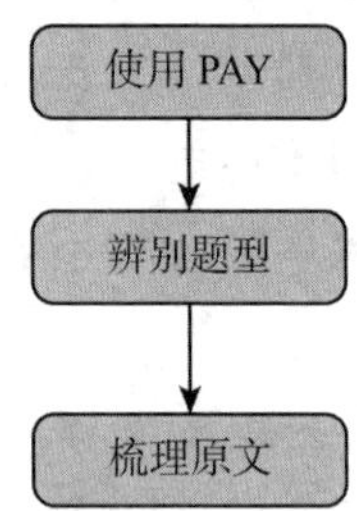

扫描二维码
回复“论说文之道”
领取配套视频

第二章　两个题型（6 个子类）

论说文从话题角度，分为“单一话题”和“关系话题”两个大类。

一、单一话题

单一话题就是整篇作文围绕一个核心主题写作，可以分为三种：

1. 正面单话题，例如，“理想”“远见”“诚信”等，（正面）歌颂一个主题。历年真题：2020 年、2019 年、2014 年、2013 年、2007 年、2006 年、2004 年。

2. 反面单话题，例如，“浮躁”“功利”“盲从”等，（反面）批评一个主题。历年真题：2012 年、2010 年、2009 年。

3. 观点态度题，例如，面对某个事物，如人工智能，既有好处又有弊端，应该如何看待？歌颂还是批评，自己选择。历年真题：2018 年、2017 年、2011 年、2005 年。

前两种支持还是反对容易判断，主要不考判断，考分析、论证、说服；第三种既有好处又有弊端，就涉及先判断，首先要判断正确，然后再谈分析、论证自己所支持的那方观点。所以，第三种多了一个“立场选择”环节。选择方法的讲解篇幅较长，在教材《管理类、经济类联考田然写作通关指南》中将详细解读。

二、关系话题

关系话题就是整篇作文围绕两个核心主题写作，充分阐述

两者之间的关系,可以分成三种类型:

1. 两者都要型:两个主题不可偏废,都要提倡,该题型较为普遍。例如,为富与为仁、继承与创新、自由与纪律、坚守与变通等;历年真题:2016 年、2015 年。

2. 条件影响型:两者具有一定影响作用关系,但不是绝对的。例如,努力与成功、实力与自信、风险与收益等;历年真题尚未考过。

3. 一褒一贬型:两者之间,旗帜鲜明地提倡一个,反对一个,如自信与自负等;历年真题:2008。

三、重要思想 1——“题型思维”

辨别题型的意义在于两点:首先,对审题有帮助。前面已提到,辨别题型可以帮助考生深刻认识考题。其次,对下笔行文有帮助。不同题型会采取不同结构。因为不同题型的写作要求、评分侧重不同,故而应该使用不同结构作文。这就引出田然老师写作思想的第一个重要思维——“写作题型思维”。这是很多人所忽略的。

从小学开始,我们学习写作结构后,通常是无论什么题,都用同样的结构。但事实上,不同题型的写作要求不同,应该采用不同的结构与之对应。这就是“写作题型思维”,是田然写作的精髓之一。我们有个八字诀,叫作“先问题型,再讲结构”。这是田然老师与其他老师讲法的重要区别之一,也是田然老师的学员脱颖而出、取得高分的原因之一。

例如,2018 年真题,明显是观点态度题,需要辨析人工智能的利弊,表达支持还是反对人工智能,给出若干条支持或反对的充足理由,我们应该按照观点态度题的对应思路写作。但是,许多同学跟其他老师学习时或许是没认真学写作,没听说过“题

型思维”,只会一个模板套到底,例如“是什么—为什么—怎么办”,结果把这道题写成:什么是人工智能呢?为什么要发展人工智能呢?怎么发展人工智能呢?这就完全错误地理解了题意,错过了试题重点:辨析人工智能利弊!把一个利弊思辨题活生生地写成了单面颂扬题,阅卷时会按偏题处理,京沪等旱区给15分以下。可见,题型思维不可缺少。

曾经有人说:“不要辨别题型,容易混淆。”大家须知:刚开始做不到,不代表不要做到,不该做到。我们正是要通过今年的备考训练提升能力,从而做到;而非刚开始就因陋就简,按容易的来,最后分数提不上去。

换个说法:“题型思维”就是让“题是死的,我们是活的”,一个固定的题,我们按题出招,所以它是死的,我们是活的。而“非题型思维”(即无论什么题,都用提前准备好的一个固定结构来答)就是让“题是活的,我们是死的”,题有多种变化,结果你死马当活马医,就一个写作模型,合不合身都往里去套。亲爱的同学们,你们希望用哪种思维方式?若题是活的,我们是死的,你的作文还能有出路吗?所以,备考之初就要先留下“题型思维”,然后在写作课堂上共同消化。

扫描二维码
回复“论说文之道”
领取配套视频

第三章　三个主体（12个话题）

一、3个主体，12种核心话题

整个论说文世界包罗万象，可以用主体对象将其分成三个部分：

1. 个人；

2. 企业；

3. 社会。

个人是一个人，企业是一群人，社会是所有人。

个人核心话题6个：利益、风险、急躁、短视、片面、盲从；

企业核心话题3个：互利（利人利己）、诚信（信用/信任）、变革创新；

社会核心话题3个：差异（包容）、共识（规则）、责任（担当）。

首先，从一个人出发进行思考，人有诸多本性，即所谓“人性”。“人性”在论说文考试里有多重要，怎么强调都不为过。这些人性是一切话题的本质因素，我们必须掌握至少6种人性。

进而，当一个人升级为一群人的时候，会出现若干新话题。例如，一个人不会有要不要“互利”的问题，也不会有该不该“诚信”的问题。到了一群人的时候就会多出3个新话题：互利、诚信、变革。

最后，当人群扩大变成所有人时，就形成了整个社会，从而

有了社会特有的差异、共识和责任这 3 个社会性问题。

注意,将某个话题归为“个人”,不是说企业或社会就不涉及了。比如,“短视”是人的本性,归在了“个人”一列。但“企业”也有短视与远见之分。因为企业是由企业家领导的,而企业家就是“人”。只是说“短视”偏重“一个人”的属性,而非“一群人”(企业)的属性。这 6 种个人话题在其他两类中也会应用到,不必形成藩篱,并非某个话题只应用于某种主体,要打通看待。

二、重要思想 2——以“人”为核心的思维

无论是企业还是社会,首先由人组成,有人的本性。这些本性深远地影响着个人、企业行为,产生各种社会现象。所以,从“人”的角度看,才能看清个人、企业和社会。这是田然老师写作思想的第二个重要思维:“从‘人’的角度出发,看待各种问题”。

有同学说:我听过一个课,说“个人素质”话题很少考。注意,这与我所说的并不矛盾。现在考题很少考查个人素质,但人的本性贯穿始终,没有变过。我们提倡的不是“个人素质”,而是从“人”的角度思考一切问题。

例如,人类的第一特性就是“趋利避害”,潜意识回避损失和风险。正是如此,2017 年真题,题中企业非常犹豫该不该创新;正是如此,2007 年真题,考问我们如何看待司各脱探险;正是如此,2012 年、2010 年、2009 年真题,面对学者跟风、功利,企业谋财害命,我们应该提出对策:加大惩罚力度,提高违法成本,从而从机制上减少此类现象的发生。为什么这么做有用?因为人都是“趋利避害”的。如果违法成本过高,科研造假会身败名裂,企业坑害消费者会倾家荡产,那么学者、企业主就会不敢违

法。为什么有的考生能想到这些措施？因为懂得从“人性”角度考虑。所以，考题看似跟人性无关，其实最后析根源、指对策都要分析到人性，触碰到人性，才算找到最终根源。

某种意义上，学者跟风、三鹿奶粉不是所谓的考“社会思考”“企业管理”话题吗？是的。从对象方面讲是社会现象和某个企业。但是，说到底，不还是考怎么解决“人”所产生的问题吗（怎么解决趋利、浮躁、短视）？所以，考社会思考、考企业管理、考个人素质，都一样，都是考人性。我们提倡的不是考个人素质，我们提倡的是洞察到考试是考对人性的理解。

所以，田然老师的学术观点是：“十几年论说文考试，就是一部人的历史。”一切从人的角度想，从人性角度想，无论析原因、指对策，都会思路顺畅。可以这么说：无论考个人、企业、社会，三者归一，论说文只考一种题——“人”的问题。

因此，看到这里，应该树立第二个重要的写作思想——高度重视“人”的因素，一切都是“人性”，一切从“人”出发，从“人”的角度思考、分析、解决问题。有了这一思维方式，你在看待论说文时会别有洞天，迈入新阶段。

以下按照 12 个话题，统计了历年考试试题对应年份：

1. 个人话题考试年份：

（1）利益（趋利、功利、逐利）：2015 年、2012 年、2010 年、2009；

（2）风险（避害、勇气）：2017 年、2014 年、2007 年；

（3）急躁（浮躁、踏实，实干）：2012 年、2010 年；

（4）短视（理想、远见）：2017 年、2007 年、2006 年、2004 年；

（5）片面（辩证、全面）：2014 年；

（6）盲从（跟风、从众、专一、理性）：经济类 2019 年、2012 年。

2. 企业话题考试年份:

(1)互利共好(利人利己、利与义,合作):2015 年、2013 年、2009 年;

(2)诚信(信用、信任):2009 年;

(3)变革创新:2017 年。

3. 社会话题考试年份:

(1)差异(包容):2019 年、2016 年;

(2)共识(规则、约束):2016 年、2008 年;

(3)责任(担当):2009 年。

第一节　利益(逐利)

利益,人类诸多问题的根本,在历年考题中占有半壁江山的地位。给你一句口诀——“一切只因利益起,行为动机想利益”。

例如 2015 年真题,为富与为仁;2012/2010 年真题,学者跟风现象、学者功利化;2009 年真题,三鹿奶粉谋财害命,因为逐利坑害消费者;2008 年真题,现实生活中放松原则,违背原则,这些背后无不都有利益的本质原因。学会从利益角度思考、认知,就能破解一半论说文试题。

利益/逐利如何理解?应该建立以下认知,达到这样的认识:

个人逐利是人的本性,有一定合理性,不必全盘否定,应该具备辩证思维和程度思维。逐利是推动人劳动、勤奋的驱动力,调动人的积极性确实要靠利益。而企业和资本的逐利有利于经济资源配置,这是市场经济的典型特征。相反,计划经济中更多地采取总量控制。所以,应该看到逐利在个人、企业中的合理性。

但是,逐利必须走正道,也要受约束。具体包括两点:既不能造假,也不能害人。逐利与约束就好像是油门和刹车。没有油门无法前进,没有刹车则粉身碎骨。逐利是人的动物性,服从约束是人的社会性。在现代社会中,逐利天然伴随约束,约束片刻不能缺少。

为仁就属于一种约束,不造假、不害人也是一种约束。约束分为两大层次:道德和法律。道德是自觉,法律是强制;道德是上限,法律是底线。我们应该提倡自觉,但少数人能靠自觉,多数人还得靠制度(法律)。记住这句话:道德问题不能靠提倡道德本身解决。既然道德出了问题,就是靠道德自觉已经不够、不行,就必须依靠制度、惩罚、技术等强制外力进行约束。

更深层的,利也有长短之分,智者应该追求长期利益。损人的利,是“短利”,难以持久。即使短期获利,也只是一时的利。而“长利”需要利人利己,以先利人,达到后利己,这是需要记住的“利他思维”。只有协调利人和利己的关系,才能有持续的、长久的利。即使逐利,多数人也希望利益长久,那利人利己就是必须的行为。利人利己将是我们反复提到的核心思维,在本章第七节和第七章还会反复强化。

损人的利己不长久。比如,早年个别写作老师考前卖作文模板,一千多元一个,号称人人不同,只要填几个空格,考场上就能完成作文。也许这种老师一时赚了点小钱,但考后学生会知道,这根本不可行,就会觉得被骗,会声讨。这样他也就没有了未来,现在也听不到这个人了。所以,利人利己和长利短利如影随形,利人利己是获取长利的必要条件。想要“长利”就得利人利己,利

人利己就很可能有长利(至于利的大小,是另说的话题)。

接着该思考,利益从何而来?有两种思维,一种是增量思维,认为利益来自创造价值:用户价值、社会价值,这是正确的认识。而错误的认识,认为利益来自剥夺他人,这是存量思维,也是对利益认知的偏差。《水浒传》中的英雄好汉劫富济贫,我们看《水浒传》觉得畅快。但是,仔细想想,劫富济贫是将富人的财富等量地拿来给予穷人。这是“零和游戏”。这种剥夺行为真能推动社会发展吗?劫富济贫之后,穷人还是没有财富生产力和创造力,仍然未必摆脱得了贫困。而富人呢?因为担惊受怕,害怕辛苦赚来的财富再被剥夺,所以这样也会影响他们的积极性和创造力,实际上“劫富济贫”对整个社会并没有起到正面作用。当然,这里所指的富人创造的利益,得是通过正当方式获取的,而非不义之财。我们对利益的来源应该有这样的认识。

市场经济有逐利的特征,利益是贯穿当中的。相对来说,市场经济更加允许个体自主逐利,更重视效率,但可能部分损失公平。相反,计划经济采取总体配给方式,自主逐利空间较小,公平更容易得到保证,但效率就很难谈起。诚然,市场经济的这种以利益配置资源、驱动行为的方式有其弊端。但是,就目前而言,这是相对较好的一种经济模式,也是世界上大多数国家的选择。

不过我们需要知道,部分社会领域是不适宜采取营利性经营的。例如,医疗和教育最为典型。试想,如果你去看病,对面的医生身上背着压得他喘不过气的销售指标,那么,感冒或许都得当癌症治,患者看个感冒也可能倾家荡产。

总体而言,应该看到逐利的合理性,但又必须对逐利加以约束,建立对利益的正确认识,学会追求长远之利。掌握这些要点，对逐利的分析就基本到位了。

真题应用举例

学了这些能用到作文当中吗？我给你举例，看看是不是掌握后，都能用到作文里，你的作文立即“丑小鸭变白天鹅”。以2015年真题为例，可以先肯定为富的合理性，为富带来驱动力、创造力，但随即强调为仁的必要性，逐利必须有约束，逐利天然要伴随约束，为仁是道德约束。再看2009年真题，三鹿奶粉坑害消费者，违反利人利己原则，坑害他人，最后导致企业破产。添加三聚氰胺无非为了降低成本，提高收益，但若非利人利己，那只能算短期之利，不能长久。企业要有通过提供用户价值创造社会价值从而盈利的思维，决不能损人利己①。

第二节　风险(避害)

趋利避害是人的本性。如同趋利一样，避害也是人骨子里的本能。害怕风险并非贬义词。如何看待风险？

①估计读到这里你或许会有打通思路、恍然大悟的感觉吧。悟到什么？我想，论说文我们不是不会，而是说不出来，缺乏“认知”输入，思维水平还不够。如果输入足够，输出便能轻松畅快，你也做得到。面对论说文，主要不是你原以为的缺素材、缺模板，其实要害是缺认知。所以，这本小书意义重大，它就是专门“补认知”的。那么，既然感受到认知的重要性，请读者在备考这一年，认真研读、反复研读本书，甚至可部分抄写，以彻底提升认知高度，拿到作文高分。

风险第一认知:树立风险是中性词的观念

对风险谨慎小心有合理性,因为这保证了人的生存。试想,如果对风险没有快速反应,虎狼豺豹扑过来没有警觉性,人类在漫长的进化和自然竞争中如何生存?所以,对风险的规避是千万年来形成的一种本能反应,深入骨髓。趋利避害,用巴菲特的话说,就是人类的贪婪与恐惧,是最根本的两种属性。

风险第二认知:树立辩证看待风险的观念

既要看到风险,也要看到收益,学会看到风险背后的收益,对风险的认知理解才算初步合格。危与机共存。有危险的地方通常有超额收益。金融学中将超额的收益看作是对风险的补偿。我们都知道风险背后有收益,但风险为什么会带来收益,很多人说不清。

其中的道理其实很简单,风险会吓退很多潜在竞争者,好比是某件事、某项业务周围的一道护城河。风险越大,敢于投身其中的参与者数量越少,那么,每个参与者的相对收益就越高。而没有风险,就意味着参与人数可以不断增加,那么摊开后每个人的收益都将降到最低值,这在金融学中称为"无风险收益",例如国债。

最典型如公务员。如若安分守己,这个职业几乎没有风险,这是每个人都知道的。所以,很多人倾向考公务员。但是考的人越多,收益就越少(因为招聘方不需要提高工资,就有源源不断的报名者)。一样东西,人人都知道它好,那么收益就会很快摊薄。越是看不清,有风险时,潜在收益可能越大(当然风险也越高)。有句名言是,失败者只会看到风险,而成功者会看到风险和它背后的收益。

风险第三认知:面对风险,没有对错,认真分析,自己做决

定。决定对错跟结果无关

如果前方有风险,又有收益,我是否该承担风险博取收益?这不仅是研究生考题,也是人生考题。我们都会面临选择报考院校的问题。最经典的问题莫过于报985怕考不上,报普通学校不甘心。怎么办?这个问题必须好好回答。

必须知道,对待风险,没有标准答案或正确答案。事实上,这个世界没有你必须承担的风险。承担风险,通常只为博取收益。这时应该评估以下五点,可称为"风险五问":

(1)博取这个收益的必要性有多大?不博会不会后悔?

(2)这个风险如果真发生了,我承担得了吗?

(3)不博的后悔和输了的痛苦,哪个大?

(4)有无妥协替代方案?

(5)找到最大承受风险阈值,风险到多大时,我就撤退止损?

我清楚地记得,一个学生问我:"厦大是我的梦想,但我怕报了考不上。厦国会有很大把握,但又觉得不报厦大不甘心,老师我该怎么办?"几乎所有风险与收益的难题都是这个模型。对此我们可以用"风险五问"模型分析:

(1)真的那么在乎名校吗?这个梦非圆不可,还是仅是一个小时候模糊的梦?不搏会后悔吗?会特别后悔吗?真的吗?(这可能要问自己很多遍。)

(2)如果报了厦大没考上,有几个后果?这些后果我承担得了吗?后果包括:愿意调剂非全日制吗?愿意二战吗?愿意找工作、考公务员吗?没学上可以吗?

(3)不博的后悔和输了的痛苦,哪个大?

(4)有无妥协替代方案?例如,方案一:考厦大非全会计专

硕(厦大真有非全,我司前员工已考上读书去了)。如果非要考厦大不可,厦大全日制考不上,非全日制呢?牺牲全日制,忍受高学费,圆梦厦大非全可以吗?方案二:厦大有没有其他更好考的硕士项目?方案三:等个三年,将来考厦大MBA,又能先工作挣钱,MBA要求分数也低,也能圆梦。

(5)我能接受的最大风险阈值是多少?例如给自己规定,10月报名前模拟三次,跟厦大过去三年平均分比较,差五分以内就闯!差五分以上就果断放弃。这就叫设定风险阈值。因为后面会讲到,任何事物都有量变引起质变的普遍规律,那么是否承担风险的定性问题,也肯定有改变决定的定量阈值。这就是"以定量解决定性"的思维方式。

看完后你会发现,风险决策可能一时定不下来答案,需要反复问自己。你还会发现,世界上最难的不是学个什么决策模型——再难的模型终有尽头——世界上最难的是真正了解自己!

所以,没关系,你可以多问自己几十遍,你可以多思考几个礼拜,你可以不断搜集信息、咨询学长学姐,但最终,他们都帮不了你,最重要的决定还是只能靠自己来做。这需要巨大的勇气。但练就决策的勇气,是人生必修的课程。

决定这个东西,每个人只能自己做,旁人无法代替。永远不要指望别人背你过完这一生,自己的路,只能自己走完;自己的选择,只能自己承担。考研这一年,我反复把六个字送给广大田然学子:"不要怕,不要悔",这也是我们田然考研的校训。它的意思是——选择前不要怕,选择后不要悔。

"面对风险,没有对错"。我们不能以事后结果反推决策对错。比如,2017年真题研发新品,不能以后研发失败了就说决定研发不对。风险选择的对错不能以事后结果判断。这是一条重要的思维。它只有一个原因:风险是概率事件,你不知道是否真会发生。人生无数选择面对的核心都是风险与收益,请记住,不要用结果评判对错。但可惜的是,世人都以结果进行评判。如果你报了厦大没考上,亲戚或同学会说:看,你报高了吧。这些一笑置之就好,这是他们对风险这件事认知水平不足,不知道不能以结果评判风险决策。

那么,风险决策以什么评判对错?风险决策中只有什么是错的,没有什么是对的。如果明明承担不了后果却勉为其难地硬上,这就是错误决策。如果明明不冲厦大会后悔,却在最后一刻畏缩了,这就是错误决策。只要结合理性分析,加上充分认识自己的风险偏好和想要什么,就是做出了最好的决定,这跟结果无关。(当然,决定的对错跟结果无关,但结果你还是要承担,愿赌服输,人生如此。)

所以,是否要承担风险,这是一个主观的选择。在充分理性地认识风险与收益后,是否承担就是每个人的选择权利。我们只强调要理性全面地认识风险,不号召一定要承担风险。对待风险,最大的难度就在于对程度的把握。过于激进和过于保守的单向思维都是偏颇的。

风险第四认知:面对风险,人并非不可作为,风险往往不是固定值

前面都在评估风险,似乎前提假设风险值是固定的。其实通常风险大小未必固定,可以通过很多手段改变风险程度,这个意识应该有,对你帮助会很大。例如,面对风险,可以通过评估、管理、分散、转移等方式减少风险。

举个例子,股权就是分散风险的方式之一,最早出现在

17 世纪的荷兰。荷兰商船为避免意外的暴风雨导致船毁人亡，商船拥有者破产，首次发明了“股份”这种方式，出资入股，共担风险，共享收益。这就分散了风险。

再如，风险也可以转移，典型的如金融学中的“期货和期权”。通过期货和期权制度，在支付一定价格后，可以锁定某个标的未来的价格（期货）或拥有一个未来决定是否行使的权利（期权），也就是将其余的涨价或下跌的各种风险全都转移给了交易对手。这就是期货和期权的本质。人类发明它也是为了应对和控制风险。

2017 年真题，应该选择研发新品，那么如果你能写出一个对策段，借鉴以上所学，指出一些该企业可用的分散风险的方法，你的作文便可言之有物，脱颖而出。本书严选对考试有用的认知内容补充给大家，同学们一定要充分掌握吸收，他日随时可能用到。

可以看出，人类与风险斗争了千百年，也发明了很多制度、办法。所以，我们应该树立风险面前并非无可作为的思维，学会主动评估风险，主动管理风险，主动减小风险。事实上，人类对风险的研究和处理，始终都在进行。人类始终都在试图驾驭风险。整个金融学的本质就在于研究风险，金融（投资）从某种意义上说，就是研究对风险的定价。

风险第五认知：知道人在什么时候会失去对风险的判断能力——冲动

冲动指失去理性，失去理性指失去对风险和收益的正常判断能力。那么，什么时候会冲动？在两种情况下：诱惑和愤怒。

首先，人在利益诱惑面前经常丧失理性，进而忽视或轻视风险。比如，正常情况下，田老师不会对女生心动（其实是她们不

会额外关注我，只是问我写作题）。但如果某天，哪个女生特别主动，又特别漂亮，主动对我眉来眼去，这就形成了诱惑，形成了对我的考验（当然，我可以战胜）。不过，世上各种诱惑太多，不是每个人都能战胜的。诱惑带来冲动，使人失去理性。

其次，当人愤怒的时候，容易失去理性，进而失去准确判断的能力。所以有激将法的存在：对方本来不答应，通过激怒对方，使对方愤怒冲动，改变决策。冲动会让人遗忘风险，不顾后果，此时做出的判断最有可能出错。所以，冲动是魔鬼，不要在冲动时做决定。至少你要做好准备，这样的决定可能是不理性的决定。（题外话，也有人故意利用冲动让自己敢于冒风险，比如喝酒后向暗恋已久的女生表白，平时他可能因为害怕而不敢为之。）

这些内容可以用在2014年真题，孔雀择偶当中。雌孔雀的案例给人的启示就是诱惑（利益）会导致忽视或轻视风险，必须在诱惑面前保持理性。

风险第六认知：在风险面前，人类容易怀有侥幸心理

侥幸心理很有意思，普通动物可能没有，这可能是人类才具有的心理活动。人通常都有不同程度的侥幸心理，认为倒霉的会是别人，不会是自己，这也是风险会带来巨大破坏的根源之一。例如作弊、违法等。大多数时候，铤而走险的人都知道有风险，但都有侥幸心理，认为应该不会抓到自己。而这种侥幸心理，通常是带有严重主观色彩的自我安慰，是对风险的判断偏差。

所以，当你意识到某刻你突然有侥幸心理时，应该有所警惕。有时候，宁愿保守，不要大意。例如2009年真题，三鹿奶粉添加三聚氰胺事件，当事人当然知道有被发现的风险，知道消费

者有健康隐患,但为什么还这么干?就是有侥幸心理,认为可能不会严查,认为可能少量吃没事等。2020 年真题讨论警惕隐患,警惕隐患本质就是警惕风险。那反过来,没做到的原因可能就是有侥幸心理,认为事情未必发生。许多隐患的发生,都有当事人侥幸心理的存在。侥幸心理这个点就能用到 2020 年真题里。

风险第七认知:在风险面前,人类容易疏忽大意,防患未然要有远见

人类知道风险,但往往不撞南墙不回头,不见棺材不掉泪,非要等到风险来临,才追悔莫及。面对风险,要有忧患意识,要有思危防患的意识。这就成为 2020 年真题。风险来临前,往往会有征兆、隐患,这时应该抱着谨慎的态度,最怕疏忽大意。当然,疏忽大意背后就是侥幸心理,潜意识觉得不会发生,所以意识里不去细想。

2020 年真题,其实可以用"风险五问"模型思考。隐患在橡皮密封圈,从名称来看,重新检查应该成本不高,但发射失败后果难以想象,这时检查成本和风险损失天壤之别,完全应该"宁信其有,不信其无"。但斯沃克公司却选择轻视风险。风险有时候就是一种可能,无法要求证明其必然发生。斯沃克公司要求有充足理由才相信有问题,这是对风险的错误理解。例如,如果 110 接到疑似炸弹的报警,警察是会让你证明它确实是炸弹再出警,还是立即采取措施?显然是后者。因为有时当风险被证实时,为时已晚。所以,防患于未然是一种远见、一种提前量、一种谨慎态度。宜未雨绸缪,勿临渴掘井。

风险第八认知:是否承担风险是个人自由,但仍需要知道,其实人生中要学会冒险

第八认知有些属于我的个人观点，但事实通常真的如此。司各脱不承担风险，怎么追逐人生价值？孔雀不承担风险，怎么争取后代健康？企业不承担风险，怎么创新进步？人类不承担人工智能风险，怎么享受人工智能推动社会发展？你不承担考研风险，永远没有上研究生的可能。

所以，过度畏惧风险会陷入保守主义，是不足取的。你会发现，若一点风险都不承担，人生几乎无可作为，只能躲在被窝里。在这世上干什么都有风险，连出门都可能被车撞到。人生要懂得承担风险，承担能承担的风险，承担不可再减少的必要风险。只有学会承担一定风险，才能博取人生美丽的景致。王安石在《游褒禅山记》里说过：

夫夷以近，则游者众；险以远，则至者少。而世之奇伟、瑰怪，非常之观，常在于险远，而人之所罕至焉，故非有志者不能至也。有志矣，不随以止也，然力不足者，亦不能至也②。

所以记得，王安石老早就说过：成功＝愿意冒险×志向坚定×有能力。

第三节　急躁/浮躁/功利（踏实/实干）

急躁和浮躁，本质含义相同，都是没有耐心、急于求成，我们统一称为急躁。急躁的第一来源是人的本性缺乏耐心；第二来源是攀比，与别人的比较。例如，看到别人考得好，自己着急，看

②平坦而又近的地方，前来游览的人便多；危险而又远的地方，前来游览的人便少。但是世上奇妙雄伟、珍异奇特、非同寻常的景观，常常在那险阻、僻远，少有人至的地方，所以，不是有意志的人是不能到达的。（虽然）有了志气，也不盲从别人而停止，但是体力不足的，也不能到达。

到别人复习快,自己心慌。

不过,急躁是很多事情的大敌,如考研、科研、企业经营等。因为本质上,做许多事情都需要时间积累,尤其是艰巨、复杂的事业。这是客观规律。而急躁就意味着试图提早实现,这就破坏了客观规律,很容易受到惩罚,比如揠苗助长,想通过拔高禾苗让它长高,但禾苗生长要遵循自然规律,需要特定的水土、温度、湿度条件,违反规律则导致禾苗全部枯死。

有时,急躁也是出于好心,动机可能是好的。这涉及"动机与结果"的辩证关系。例如,历史上我们曾经希望更快地建成社会主义,因此提出过"三年超英,五年赶美,八年实现共产主义"的口号。但有时太急于想实现目标,就违反了规律,反而南辕北辙,走弯路。研究生复习备考也是同样的道理,有时考生急于提分,所以学技巧,学快速解法,学蒙猜,学秒杀,想逆袭,但如果基础打不牢,功底不扎实,学到最后发现投机取巧贻害无穷,还得返工重打基础,看似一时快了,最后却慢了。

对于科研和企业经营,急躁就可能表现为造假和糊弄,造假就会违反利人利己思维,糊弄就会破坏质量,两者后果都极为严重。例如 2012 年和 2010 年连考学者功利化和跟风现象,两者本质相似,表现不同。本质都是浮躁,表现行为有学术造假、跟风研究、沽名钓誉等。

如何克服急躁呢? 这需要我们培养远见,还需要我们洞察规律,从而知道急躁的恶果,懂得欲速则不达的道理,急躁没用,不该急躁。同时,还要培养对目标追求的定力和耐力。近几年,中国企业界提出一个"长期主义"概念,表达反对急躁,体现对实现目标的长期脚踏实地的奋斗,这是非常好的现象。

当然,这说起来容易,真正做到则需要人生阅历。仔细观察会发现，人越年轻，越容易急躁。有了些阅历和经历以后，我们才更懂得脚踏实地、日积跬步。所以，如果你20多岁，比较急躁，耐不住性子，属于常见现象。老师我30多岁，也经常犯急躁的毛病，不过因为阅历更多，可能犯这毛病的程度更低、频次更少罢了。

中国人通常比较着急，但耐心更令人尊敬。差不多十年前，王石去拜访78岁的褚时健。那时褚老准备种橙子，而橙子挂果要3年。王石说："当时不敢想象，一个78岁高龄的老人，兴致勃勃地跟自己描绘3年以后的事情。"这就是做事的耐心。耐心是最高的情商之一，是对情绪、对本性的修炼。

罗振宇提到湖南人，说湖南人成功者很多，如曾国藩、毛泽东等。他说湖南人有两大特征："耐得烦、霸得蛮"。前者就是耐心，后者就是胆大。你想想，这两个放在一起多可怕，怪不得许多湖南人会成功。由此可见踏实和耐心的重要性。

我们应该学会正视急躁，学会克服急躁。既然急躁有两个来源，那就有两种对策。急躁来源于本性的，需要我们不断修心、修炼；来源于攀比的，需要我们懂得正确对待比较。

生活中该不该跟人比较？人比人，气死人。既要比较，又不能攀比。比较可以帮助我们学习借鉴，找寻不足，找到动力，所以，比较有其合理性。但是，仍然要提到程度思维，过犹不及，过度比较就会陷入攀比，就屈从了人性的弱点。学会战胜攀比心，才能够脚踏实地，一步一个脚印。要知道，考研跟科研规律相似，都需要持续积累，一天一天添砖加瓦。任何的急躁都会适得其反。

第四节　短视(远见、追求)

短视是最顽固的人性弱点之一,人群中只有极少数人能够拥有远见。我们往往只看当下的事情,只管眼前,不愿多想将来。某种意义上,如何判断一个人的智慧呢?就看他能想多远。只想三五天的是普通人;能想一年半载的是有思考能力的人;能想三五年的是有前瞻远见的人;能想三五十年的是有极大智慧的人。短视和远见互为反义词,没有远见就是短视。短视与急躁互为因果。因为短视而急躁,也因为急躁而短视。看不到今后,就会把思维局限在当下。

短视危害很大,将导致错误的判断。例如,2006 年真题,挑水和尚之所以判断打井是多此一举,就是他看得太短,只能看到几年之内自己身体健康,天天挑水也没事,没有打井的必要,而没有看到十年甚至以后的情况。同样,2017 年真题,有人选择扩大生产,也是看中了三五年稳定的收益,但是没有想到,这可能为企业今后长远的立足和竞争带来隐患,因为失去了通过研发巩固领先地位的机会。同样的,还有 2009 年真题,三鹿奶粉事件。企业奶粉掺毒,就是短视的表现。因为奶粉属于长期消费品,客户忠诚度很高,保证质量很容易有长远而稳定的利润来源,父母不会轻易给宝宝换奶粉品牌。但企业竟然选择做出坑害消费者的举动。这样做一时满足了自己,却长远地断送了自己。所以,短视会导致错误的决策。所以有人说,你能看得多远,你的判断就能有多正确。

远见,又叫眼光,长远思维,是一个人智慧和洞察力的集中体现。远见看不见、摸不着,也很难刻意提升。所以,作文中遇

到远见话题,建议避开对策段落,太不好写。有人问,某个段落还可以不写吗?

重要思想3:“随心配”思维(动态结构思维)

是的。我们过去学写作,学的是死板的固定结构,例如:是什么—为什么—怎么办。每个段落都必须写,不会写也得写。其实,这是对写作理解不到家。文无定法,作文写什么段落是根据试题特征和你会写什么决定的(一个知彼,一个知己)。这就是田然老师第三个重要的写作思想——“随心配”思维。

“随心配”是指自主搭配作文段落,可供选择的段落有八种,第八章将详细介绍。考生可以在八个段落中,根据题目需要,选择自己擅长的段落写。这个思维跟其他写作老师截然不同,也是帮助考生快速掌握写作要领的途径之一。

学会八种段落后,根据试题需要,应该写哪段就写哪段;根据自己擅长的,会写哪段就写哪段,不会写的段落就跳过不写。这就是我们的学生思如泉涌、不会卡壳的原因。试想,给你个远见为题,你会写“远见是什么”吗?不好写,你卡住了。而懂得“随心配”,他就不写“是什么”。同样,“怎么有远见?”在考场上会写吗?还是不会写,又被卡住了。你看,“是什么—为什么—怎么办”,一共三个段落,其中却有两段不会写。

所以,我不教某一种固定结构,我教一种可变化的结构思维,别人授你以“鱼”,我授你以“渔”。有了这种可变化的结构思维,我们就可以临题应变,从八大段落中变化出许多结构,总有可以轻松完成考题的结构。“随心配”属于“技法”内容,在《管理类、经济类联考田然写作通关指南》中有透彻讲解。

回到生活中,远见到底该怎么培养?考试之外,这也关乎你提升自我。我的一些粗浅思考希望能抛砖引玉:第一,这需要你

有意识地培养,它是一种思考意识,需要刻意练习,需要在生活中刻意强迫自己多向未来思考。慢慢地,你就会养成往前想的习惯。第二,要树立自己的理想追求。打井和尚之所以打井,是因为他有追求,原题说他想腾出时间干其他的事。所以,理想和追求会带来远见。理想就是未来。有理想在,就会领着我们不断往前想、往远想。读者可试想,在过去的人生阶段中,是否有目标的阶段,会令你更高频率地不断想未来?而没有目标的时候,脑子里常常只有生活的琐碎?所以,如何做到有远见?我给出的方法是刻意练习和树立追求。

与短视行为相反,有很多时候,借助远见能让你做出正确决定。例如 2005 年真题,丘吉尔保护密码,就是看到了密码在未来的重大作用,进而做出正确决策。2013 年真题,企业在竞争来临前主动合作,其实危机还没到眼前,但提前看到危机,这就是远见。借助远见,它们做出了企业合并的正确决定,合并各方都得到了较大发展(2019 年年底新闻,空中客车订单量首次超过波音)。2018 年真题,发展人工智能虽然于当下可能有问题,但不能为当下问题所累,还要长期、短期结合着看,看到人工智能未来的巨大益处。所以,因为有远见,这三个题中各方都做出了正确决策。

2017 年真题,看到研发的收益是远见,真做到不仅要克服对风险的恐惧,还要通过有效措施控制风险;2018 年真题,看到人工智能推动社会发展是远见,真做到要未雨绸缪,提前做好失业风险应对准备。再比如,我该考研,还是找工作?通常决定考研需要克服许多疑虑和声音,而选择找工作却容易很多。但无论是考题还是生活,通常都有一个有意思的规律——往往是险阻更大的那个决定,回过头看,是正确的决定。这句话送给大家。至于为什么,如果你特别感兴趣,可以课上来问我。

第五节　片面(辩证理性)

对事物的片面认识普遍存在,这属于人类的认知偏差。人类经常出现片面认识是有客观原因的:因为人类的认知多数来自不完全归纳,也就是从有限的现象推断背后的本质规律。由于人不可能掌握足够的、全部的现象,所以归纳的可能不正确,看到的可能不全面。我们没有可以看到一切的“上帝视角”;人类只能艰难探索。

此外,认识片面也有主观原因:人总是倾向于相信那些自己愿意看到的结果。这就属于主观偏差导致的片面。在行为金融学里,这种片面称为“乐观性偏差”。此外,立场决定态度,人经常由于立场原因而对问题有预设的看法,通常称为“偏见”,比如某些白人对黑人的偏见,就是由立场决定的看法。由于主观偏差和难以完全摆脱的立场因素,导致公平、公正可能只是相对的,不公正随时可能出现,毕竟人不是机器人,只要由人来裁决,就可能因为以上原因导致不公正。

片面认识导致无法合理且充分地做出判断。因为没有全面看到所有角度,就会产生误判。例如,危与机、利与弊。2014 年真题,雌孔雀只看到利而忽视弊,只看到机而忽视危,就是片面看到某个方面而忽视另一方面的现象。

所以片面的来源,一方面是信息不足,另一方面是主观偏差。信息不足,只能靠增加信息来源,保证信息质量;主观偏差,要靠保持理性,简单地说,“理性”就是客观全面地分析问题(利弊)。通常,人在利益面前或因为情感等原因,都会导致冲动和不理性,进而导致产生片面看法。所以,需要刻意对此加以克

服,秉持客观中立的态度。这在批判性思维和未来职场中都至关重要。

有时,这种情感或立场导致的片面难以完全消除,所以,人类发明了回避制度。例如,司法裁决中的利益相关者回避、亲属回避等,都是人知道立场和情感可能导致无法公正判断而采取的办法。

第六节　盲从(独立/坚守)

盲从属于群体性带来的特征。无论东西方,人都有盲从的特征,甚至动物群体也广泛存在这一特征。相对来说,东方国家的盲从性更强,这是由于东方国家更加强调集体性的缘故。集体性强调得越多,盲从性可能越重。强调集体性,意味着个体服从于集体,个体不宜标新立异。这就导致本来多样化、差异化的人群逐渐趋同。

盲从会导致扎堆,有明显危害。扎堆会导致资源错配、重复建设。前几年,共享单车风靡一时,无论是风险投资人,还是优秀创业者,都一股脑地扎进去,导致过量的共享单车安置在大街小巷,造成拥堵和浪费。这就是典型的跟风导致的资源错配危害。

此外,盲目和跟风还会导致荒废主业。前几年,各路人马扎堆炒房。人们发现,干什么行业都不如买房挣钱。若真如此,长此以往,谁还有动力脚踏实地地劳动?都去炒房,本职工作将受到影响,各行各业的生产力、创造力都会下降。2012年真题,许多学者跟风研究,什么热研究什么,导致十力先生所说的,其余千途万途,一切废弃,无人过问。以上两个危害,大家应知晓。

如何做到不盲从？这需要我们有独立的思考能力和理性的判断能力。当然,还要有对自身目标的执着和坚守。所以,有坚定理想的人通常不容易盲从。而独立思考和理性判断需要不断的批判性的思考。纵观身边,什么人跟风考研,跟风考公？无非是没有自己目标的人。早早确定自己目标的人,或保研或出国,无论做什么,都坚定地朝着自己的目标前进,而不是看别人做什么自己就做什么。

从根源上来讲,盲从本质上是一种懒惰,是一种放弃思考、由他人决定自己行为的做法。但每个人想去哪里,这件事是不是自己想要的,只有自己能判断和知晓。跟风他人,容易将自己活成别人的模样,没有必要。

以上六个话题是最基本的个人类话题,同学们必须非常熟练地掌握。这些都是一个人可能存在的弱点。当一个人升级到一群人的时候,还会新增话题,这就是企业类话题,包括互利、诚信和变革创新。

第七节　互利(利人利己)

我们常讲合作、互利、团结、共赢。这四者之间是什么关系？合作是互利的手段,共赢是互利的目的,团结是互利的保障。

互利是市场经济的本质属性。一个人只需要利己,但一群人就有了利人还是利己的问题。利己是动物性,利人是社会性。所以,利己是本能,而利人是行走于组织和社会的必须。人类之所以构成群体,是因为群体有利于自己,可以互利,从而所有人能共同变得更好。所以,利他性是整个社会赖以维系的基础。没有利他的价值,社会中的个体凝聚力和向心力都会减少。

利人利己不应该偏其一,既要利己,也要利人,必须树立“利人终利己,害人终害己”的核心思维。在群体中,个人与他人相互交织,不断出现交易和交互,在经济学上称为“重复博弈”关系。利人可以传导到利己,害人也同样如此。而且,在互联网社会中,这种传导性还会放大。2009年真题,三鹿奶粉坑害消费者,通过市场反馈机制、媒体监督和网络传播,结果迅速为自身带来了毁灭性打击。所以,数字经济和网络时代更需要利人利己思维。

现代经济学的鼻祖亚当·斯密早在《国富论》中就有经典的论述:面包师做面包,并不是因为你饿了,而是他想赚钱。但他在赚钱的同时,为你提供了面包。利己必须先利人,必须以利人为途径,这就实现了人与人之间的互利性,建立了相互之间“以利他行为实现利己目的”(这句话请记住)的市场经济核心机制。

久而久之,企业和消费者之间的互利产生声誉(口碑),然后积累沉淀成为品牌。口碑(品牌)是长期互利孕育的明珠。品牌可以降低用户选择难度,用户优先选择可信品牌。相应地,知名品牌可以提升产品溢价。

品牌的特征在于易毁难建,而品牌又可以增加溢价。所以,企业会小心守护品牌,诚信经营,保证质量,不做坑害用户的事。这是由品牌易毁难建的性质决定的。这个性质正向激励企业家从善,不作恶。生活中,人们买东西选大牌,报辅导班选名师,找工作选名企,这些都是相似的道理,有一定内在的合理性。

企业与消费者之间需要互利,企业与企业之间也可以互利。2013年真题,竞争者之间的合作。面对强大的外部挑战和竞争,企业先知先觉,选择通过合作或合并抵御挑战,就是企业互利的表现。竞争关系也能合作? 是的。企业的目的不是你死我活,企业的目的在于实现盈利和创造价值(包括用户价值和社会价值)。所以,打败竞争对手不是企业的目的,只是企业必须面临的环境。无论竞争还是合作,对企业而言都是手段,目的是巩固和强大自己。当然,这种竞争企业之间的互利合作,不但需要互利思维,还需要胸怀,更需要抛弃你死我活的零和博弈思维。

利人利己关系在历年考题中非常重要。2015 年、2013 年、2009 年都有涉及。

第八节　诚信(信用/信任)

诚信,适用于所有主体,既包括国家、企业,还包括科研机构、个人;既包括实体经济,还包括网络经济、数字经济等。

考研考到诚信,不同于中学时期考的诚信。中学时期所考的诚信是把其作为人生类主题。而考研强调诚信是因为它是社会、商业、科研等诸多领域运行的基石。同样是说诚信品质,但是强调的原因不同。考研中诚信不是从个人看,而是从企业和社会看,不只是对个人的道德呼吁,更是强调诚信作为社会基石和商业基础的意义。

诚信涵盖诚实、信用、信任。这些都是市场经济和现代社会的组成基石。信用是信任的前提,一个人有信用才能赢得信任,失去信用就不再被信任。信用和信任可以降低合作难度,提高合作效率,促进社会发展和互利共好,不可小看。信用,也称为契约精神。有信用就给合作双方建立了稳定的预期。信任意味着相信他人有利于自己,而非伤害自己。这是双方合作和社会中个体之间共存的重要前提。

信用和信任都是易毁难建的,对其必须加以保护,对任何

冲击社会信任的行为都必须加以严惩。例如 2019 年的水滴筹事件。捐款是因为善良,利用水滴筹平台是因为信任这个第三方平台。但是水滴筹把筹款额作为任务指标下达给一线代理人员,每个人为完成筹款任务指标而去游说患者。而且有报道说,几万块钱的捐款,最后患者只能拿到几千元,其余的钱都被各个环节分掉、蚕食了。这样的行为伤害了捐赠者,损害了社会信任,而一旦相互信任被打破,将激发人潜在的恶,如算计和坑害。这时,任何的行为都会被视作敌意,弥补可能无济于事。所以,一旦不信任,将难以修复。在政治领域,有著名的"塔西佗陷阱"——"当政府部门或某一组织失去公信力时,无论说真话还是假话,做好事还是坏事,都会被认为是说假话、做坏事。"不信任一旦发生,弥补会很困难,因此社会必须守护彼此间的信任。

诚信缺失最大的痛点在于约束困难和惩处不足,所以要靠制度的力量,如我国正在建立的社会信用体系;另外还要靠技术的手段,包括信用联网查询,信用大数据系统和区块链等;还要靠褒奖诚信行为,惩治失信行为,尤其对违背诚信者,应当加大惩罚力度。如今限制当事人乘坐飞机、高铁等措施都属于此范畴。当然,最后也要靠宣传教育等方面的努力。认识到以上四点,该话题的对策段就会变得轻松容易。

第九节　变革(创新)

企业间的竞争无处不在,其存在长久而难以避免,而变化又是永恒的。竞争是指对手之间,变化则指外部环境(技术、趋势)。这是创办企业始终要面临的两大事实。那么,既然变化不断，企业就要从自身变革，变革就是企业的第一必修课；既然竞争不止，企业就要不断创新，寻求突破，创新就是企业的第二必修课。所以，变革和创新是企业的永恒话题。通过变革，企业可以适应新环境、新技术、新趋势，跟上时代，不被淘汰。通过创新，企业可以超越竞争对手，实现突破增长，或提升效率，或降低成本，或创造崭新事物。竞争中，你不创新，对手也会创新，在创新中落后，企业就会逐步走向衰落（这就是2017年真题要选研发新品的核心原因）。

变革创新有四个挑战（敌人）：（1）自满；（2）骄傲；（3）静止的认识；（4）旧路径依赖。对这四个变革创新的困难因素我们必须了如指掌：

（1）自满是满足于过去的地位、成绩和辉煌，不愿意放下，难以继续前进。

（2）骄傲是自大，听不进去意见，觉得对手不行，属于麻痹大意。

（3）静止的认识是认为既然成功了，别人就追不上我，我还能继续成功下去。但世道不断在变，对手并未打盹，今天的成功未必代表明天的成功。

（4）旧路径依赖是认为以前就是这样成功的，所以以后仍然应该这样。但事实上，技术和模式都在变化。腾讯的QQ独领风骚十几年，但幸好腾讯懂得打破旧路径，没有抱守QQ，成立独立团队开发微信，两个团队互不相通，完全独立，不受思维和既有的干扰，才能最终做出微信。没有微信，腾讯的市值可能只有不到现在的一半（一个微信值半个腾讯），相差上万亿港币。

变革和创新还有各自的阻力。变革的阻力，主要来自对既有利益的触动。创新的阻力还在于对未知和风险的恐惧，因为

创新就可能失败。创新的特征在于失败风险高、投入周期长、投入资金大,所以很多人知道应该创新,但是很难知行合一。2017 年真题,企业想研发新品,但顾虑风险。不过对商业竞争不能以静止的观点看待,即使扩大生产,安稳三五年,但是这期间他人未必不创新,也不能依赖旧路径(旧产品),还必须打开新路,才能有长远发展。

近几年,中兴、联想都因为核心技术缺失而遭遇增长困境并广受诟病。未必是企业掌舵者不知道创新的价值,可能是因为潜在的风险或短期业绩(股价)的压力等望而却步。柳传志先生曾经公开表示过,他很佩服任正非,坦承自己没有像他那样的魄力。为什么任正非更敢干,更有魄力?这跟家境和出身有关。柳传志先生属于知识分子背景(中科院干部),没有背水一战的绝境。而任正非创立华为时面临的是由于经营被骗,被开除国企公职,妻离子散,几乎身无分文。所以,人生的绝境使得他几十年朝夕不敢懈怠,危机意识极强。通常,“失败者”“后来者”更倾向于冒风险变革创新,这样才有一丝成功的可能。而“成功者”“领先者”或多或少会有安逸、骄傲、求稳的心理,积极创新者相对较少。

变革和创新,既包括体制模式的改变,也包括思维方式的改变、看待问题角度的改变。前者相对容易,后者更难。拿环保问题为例,许多地方污染严重,必须变革走上新的发展道路,但这种变革不仅是体制变革,更是思想变革,需要树立环境友好、资源节约的可持续发展意识。有时,改变意识是最困难的。

第十节　差异(包容)

社会是由差异的个体组成,这种差异有必要性、合理性,有价值意义。但这种差异必须控制在一定限度内,而且需要逐渐形成共识,以共识作为依托。同时,社会中的个体必然为自己考虑、谋利,但公共领域、公共责任由谁来承担?基于这些问题,因此就产生了社会领域"差异、共识、责任"三大话题。

差异是必然的。孟子曾说:"物之不齐,物之情也"。差异性即多样性,是客观世界的天然属性,应该认识到其必然性。差异本身未必不好,因为有差异才有社会分工和能力互补,才有专业和效率,才有多彩和丰富。所以,应该允许差异性存在,不必强求完全统一。

从反面看,差异又会造成分歧和争端,带来冲突、斗争甚至战争。所以,在允许差异存在的同时,又必须加强共识,才能增强凝聚力。如果只有差异,就好像凌乱的房间、杂乱的音调,没有美,只有混乱。所以,我们要看到差异的两面性特征:既看到其合理性,又看到其局限性。

既然个体天然有差异,那么我们就应该学会彼此尊重、对话沟通、兼容并包、求同存异。只有相互尊重才能平等对话和顺畅沟通。面对不同观点,需要对不同意见持有包容的心态,学会求同存异,寻找共识。这几个要点是解决差异的主要方向,我们应该具备这样的认识。

对话协商是解决社会矛盾和诸多国际问题的重要途径。例如,我国在朝核问题上,始终坚持对话协商解决的立场,反对武力和敌对。对话协商才能沟通彼此利益诉求,增加沟通才会建

立了解和信任。事实上,最后朝核问题果然如中方所料,通过朝方领导人与美方、韩方的沟通、会谈,最终得以解决。

同样的道理,中美贸易摩擦愈演愈烈,对抗升级对双方都没有好处,只有坦诚地协商对话,拿出真正的诚意和可行的方案,才能实现中美的互利共赢和良性发展,使中美两国和人民最终受益。任何敌视和强压都无助于解决问题。协商对话是一种文明素养,敌视强压是一种霸权思维。如果有朝一日,美方的当政者能够跟上中方的格局和思维,中美贸易问题将不再成为难题。

此外,差异性不能超过一定程度,这涉及后面要讲的程度和边界思维。长期的差异性会影响和谐和发展。例如某小区老楼改造,想在楼的外立面加装电梯。楼层高的居民当然同意,我们以后再也不用爬楼。楼层低的居民坚决反对,因为这电梯自己用不上,还遮挡了自家的采光。(该问题怎么解决?读者可以独立思考,问题的最终解决还是要靠合理互利的制度手段,参考思路可见注释③。)

对差异性的诉求带来争吵和内斗,就会影响发展进步。没有共识,想干什么都干不成。所以,我们必须学会积极谋求共识,有共识才能有发展和进步。这种共识包括文化、价值观和法律规则等。

第十一节　共识(规则)

既然差异不可避免,若要社会良好运行,规则必不可少。规

③方法不是唯一的。例如利益让渡:高层居民集体筹款给低层居民一定的现金补偿,双方各有所得。

则可以保证社会顺畅运行,企业、个人等主体的权利和利益得到保障。

规则既包括道德,也包括法律。道德是上限,具有自觉的属性;法律是下限,必须遵守,具有强制性。两者都可称作底线。

规则无处不在,大到法律,小到约定俗成。规则是约束,明确可以做什么,不可以做什么,是必须强制遵守的规范。但落到实处,又未必容易。因为人都倾向于逃避约束,或者希望只约束别人,不约束自己。2008 年真题,原则与原则上,挖掘问题根源时就可以谈到原则上频频出现正是因为人的这种特性。

因此,保证规则得到执行,不能仅靠个人自觉,更需要外力保证,包括对违反规则的惩治,让违反者承担相应代价。只有这样,才能保证规则有效执行。没有惩治,即使有监督,也未必能够有效约束。2014 年论证有效性分析真题中:“环环相扣的监督机制能确保企业内部各级管理者无法敷衍塞责。”这里有缺陷漏洞:仅靠监督机制,真能如此有效吗? 未必,即使监督机制有效,还需要惩罚机制等外力作为保障。2017 年论证有效性分析真题中:“有了臣民揭发以权谋私,就是最贪婪的人也不敢以权谋私了。”仅凭揭发就能杜绝以权谋私吗? 未必,揭发仅是让人发现以权谋私,如果惩治不力,缺乏威慑,以权谋私行为仍然难以根除。可见,增强认知水平对论证有效性分析亦有帮助(因为管理话题常被用作试题材料)。

规则有极强的“破窗效应”。“破窗效应”是一个社会学效应,指一旦窗户有一处被打破,就会很快全部被打破,因为群体中存在示范性和效仿性。例如,排队的人群中如果有人加塞,还成功了,那么就会有更多的人加入加塞的队伍,排队的人就会很气愤,进而“好人”也都变“坏人”,逐渐乱作一团。所以,社会中

一旦有恶现象存在，就会加速传播和引起效仿④。

还有两个效应可以一起学习："剧场效应"和"劣币驱逐良币效应"。

"剧场效应"是指，电影院里坐在前面的人站起来，那么后面的人也就只能跟着站起来，否则他们就看不见。前面一排站起来，后面就都跟着站起来了。这跟破窗效应相似，也是群体中的连带性。剧场效应更突出被动性：即使我知道站起来不对，但前排的人站起来了，我也别无选择。破窗效应更突出主动模仿性。

"劣币驱逐良币"是指，坏的东西反而取代或战胜好的东西。比如，你老老实实在 12306 官网或用 12306 官方 APP 买春节回家的火车票，但别人用外挂软件抢火车票。前提是外挂软件已被官宣为违规工具。这时，如果别人都用，而你不用，本来你是好人，你是对的，但最后就只有你买不到票。这就是劣币驱逐了良币。所以，政府作为社会组织者，必须严厉打击违法者，否则好人或许也只能变坏人。

这三个效应都是社会学中比较有名的认识，大家应该掌握。三者有相似之处，也有部分区别："破窗效应"更强调群体的从众性、示范性，趋势会加速发展；"剧场效应"更强调群体中个体是相互影响的，不是无关的，个体可能要被迫对他人行为做出反应行动；"劣币驱逐良币"更强调守法者、好人受损，违法者、坏人得逞。

规则的本质是以法治代替人治，因为人治有弊端。人会徇私舞弊，谋私利、不公正。而法治更加公平、公正、持久。

---

④往往好的没人学，坏的一个比一个学得快。

2008年真题,“原则上”现象频发,除原则意识不强外,也有法治不足、人治权力过大的问题。原则应该坚守,但仅靠倡导原则未必能解决所有“原则上”,还要靠推进法治建设和明晰的规则制度。在考场上能写到这个深度,便可以超过90%的考生⑤。

法治社会无法一蹴而就,法律的完善需要过程,需要不断细化。制度不细就会有人钻空子。此外,新兴事物不断出现,立法会有滞后性。例如,网约车、共享单车快速出现,相关立法几乎是空白。这种滞后性难以避免,立法机构只能保持灵活性和反应速度,根据社会变化不断修订、完善法律法规。所以,社会发展的过程也是法治不断完善的过程。

第十二节　责任(担当)

社会由个体组成,每个人都会趋利,追逐个人利益。那么,个人对于公共利益和他人利益,就可能存在无视和冷漠。这是社会方面的第三个话题:公共责任问题。大到环境保护,污染企业牟利却不顾环境被破坏;小到老人摔倒没人扶——都凸显了人对个人利益以外事物的冷漠和无视,都是在拷问其责任意识。

责任意识缺失,只顾精致利己,将破坏人与人的信任,对社会基础造成冲击。公共的东西,每个人都愿意使用,却不愿意维护,因为大家都会想,这不是我的。所以,很多地方通常都是公共的东西损毁得最快。

社会作为共同体,依赖所有成员去维护。天下兴亡,匹夫有责。社会中,每个人对社会都有责任。社会变好或变坏与每个

⑤本书中大多数段落都可以直接用到考场中、真题作答中。

人息息相关。从根本上说,没有谁可以说“与我无关”。利己有合理性,但利己应该与利他结合,不应该只利己或精致利己。正是纯粹的利己心态导致有些人认为多一事不如少一事,丝毫不愿意为他人付出。社会中常见的冷漠现象,其本质都是责任问题。在写作这本书时(2019 年终),发生了轰动全国的“患者杀医”事件。我太太特别关注该事件,但我忙于书稿和业务,只是听她讲述,没有去搜索相关新闻。直到她提出前往民航医院悼念献花时,我才受到触动。

社会跟每个人息息相关,每个人都应该用心守护,在这点上我太太比我做得好。每个人都有正能量,才能推动社会进步。类似这样的事件,如果每个人都不关心,就无法推动立法加速,就会让医生群体寒心,那么最终受害的是每个人自己。只是这个反馈链条比较长,所以不少人觉得与自己无关,容易忽视。但当我太太去献花时,我猛然反省——这就是我书稿中所讲的“承担公共责任/参与社会事务”。我虽然教学生这些道理,但自己未必做到了模范践行。这些道理不仅要我们认识到,更要知行合一。很多人说得到未必做得到,跟大家一样,我也要始终努力践行。

只顾自己,只讲个人利益,不顾他人,不顾集体利益,后果危害极大。每个人只讲个人利益,那么公共领域就会出现“真空”,最终每个人都会成为受害者。比如在环境保护方面,每个人似乎都不该单独背负环境保护的责任,但环境被污染后又切实地会侵害每个人。

所以,维护公共责任要靠两点:

(1)要靠政府。政府作为社会中枢,可以最大程度地支配社会资源,所以,公共事务的首要责任在政府。政府必须作为。

这个政府为广义称谓，包括立法、执法、司法、行政、宣教、惩治、监管等各个方面。例如，对见义勇为立法，就是保护有社会责任感的人。此外，还要大力打击利用善良的犯罪行为。当然，从政府角度考虑是强调政府的作用，而非推卸各方的责任。

（2）此外，还要靠每个参与主体的共同努力，包括企业和个人。企业有企业的社会责任（CSR）。而且企业社会责任是 MBA、MPAcc 等管理类研究生的一门重要课程（北大 MBA 的必修课，考不过不能毕业）。同时，个人也可以尽己所能，承担责任义务。社会责任应该是政府主导、各方参与的共治格局。

第四章　四个社会角度

以上 12 个必备话题是普遍而核心的道理，在试题中经常结合具体的社会角度考查，主要有以下 4 种常见角度。这 4 个角度不是 4 个新话题，跟前面不是 12 + 4 的关系，而是以上 12 个话题在 4 个具体社会场景中的体现和应用。

第一节　科技话题

科技是当今经济社会发展的核心议题。科技对于国家和社会是生产力，能够提升经济水平，提高生产效率，也是高质量发展的来源。当今中国经济已经从资源型经济向高技术型、高附加值型、低消耗型方向发展。科技对于企业而言是竞争力，能够增强企业的竞争优势，使其超越同类竞品，提升产品溢价。

核心技术现在是制约中国经济高质量发展的重要命门，对此，全社会已经形成共识。核心技术必须依靠自主创新，高价买不来，市场换不来。因为核心技术对任何国家和企业来说都是核心竞争力，不可能出售和给予，所以企业、国家都必须坚定地对核心技术自主创新，而非对他人寄予希望。历史上，我国曾希望借助外力发展核心技术。如苏联时期，我国曾向苏联提出观摩原子弹、氢弹，苏联人委婉地拒绝了这个请求，并赠送给国防部长彭德怀一把钥匙作为礼物。这把钥匙是比照苏联开启氢弹装置的钥匙仿制的纪念品。连苏联老大哥都不愿意将核心技术给予同为社会主义阵营的中国,何况当今环境下的国际社会?

核心技术自主研发的特点是:周期长、投入大、见效慢、风险高。这四个痛点非常重要,这就是诸多企业望而却步的原因。例如,阿里研发阿里云,前后历时近10年才看到效果。在这期间,总负责人王坚承受了巨大压力,很多人向马云谏言,说王坚就是个骗子,在最艰难时期,王坚几度落泪。但马云仍然相信王坚,每年为阿里云研发投入10亿美元。最后研发成功,阿里云估值高达3000多亿美元,成为阿里核心竞争力之一。王坚本人获评中国工程院院士。同样还有华为研发麒麟芯片,研发鸿蒙系统,都是从十余年前就开始巨额投入。可以想到,这其中经历的失败和挫折不会少。

相反,依赖外部技术,短期看简单快捷,成本低廉,启动迅速,但长期看,并非长久之计。中兴走的是跟华为不同的发展道路,长期主要依赖外部技术,而且供应方较为单一,高度单一依赖进口美国芯片(而华为也有外部采购,但分散到不同国家,这种分散风险的行为属于有远见的表现)。正是这种单一依赖,为美国制裁中兴造成如此严重的休克埋下隐患。

再如联想早期的柳传志与倪光南。两位主要缔造者对先发展核心技术还是先发展加工贸易产生了针锋相对的辩驳。前者称为技工贸,是倪光南的主张;后者称为贸工技,是柳传志的主张。两个截然相反的方向,又是企业根本的方向选择,导致两位创始人针锋相对,矛盾升级,达到有你没我的地步。最后,柳传志胜出,倪光南离开。

此后十余年间,加工贸易确实让联想快速发展,可见,柳传志的道路是对的。如果当时全部投入技术研发,可能研发没有成功,联想已经破产。只是,2000年后,壮大之后的联想本可以用充足的资金转而投入技术研发。但是,联想没有这么做,而是

仍然继续走了加工贸易的老路，导致联想到今天都缺乏核心技术和强大竞争力。在个人电脑成为传统行业之后，联想乏善可陈，逐渐没落。其中的核心，或许不是“贸工技”不对，而是柳传志先生没有坚持“贸工”后的“技”。“贸工”使得联想和创始人功成名就，可能是阻碍第三步“技”走出来的最大原因。

这也是前面所讲变革创新四大挑战中的“旧路径依赖”。任何人和组织都可能陷入对过去成功模式的依赖，认为旧路径仍然有效。成功者会总结成功经验。这些成功经验，在今后既可能是财富，也可能是阻碍。摆脱“旧路径依赖”没有那么容易。

科技创新时刻面临失败，加之投入大，许多企业望而却步。所以，在提倡科技创新的同时，还要营造敢于创新的氛围，宽容失败的氛围。面对失败的风险，外界要宽容支持，切忌嘲讽，这是大国创新风气的重要内涵。

科技创新不能以一时的成败论英雄，研发失败也有失败的技术价值。嘲讽失败是非常狭隘的表现，是最没出息的表现，不利于营造全面创新的氛围。此外，科技人员也要懂得反思、求变，遇到死角时须转换视角。科学研究是对未知的探索，所以思想上应该保有对各种可能性的探索，目标上执着，方法上变通。

当然，核心技术要靠自主研发，这并不意味着科技创新都要闭门造车。科技创新可以学习借鉴，可以开放合作，例如中国航母的建造，首艘航母辽宁舰就是购买自乌克兰⑥。经过研究拆解，掌握技术后，我国建造了首艘国产航母山东舰。所以，自主不是自大、自闭，而是自立、自强。

---

⑥这艘航母还是苏联时期开始建造的老旧产品，苏联解体时没有完工，后归属乌克兰。但乌克兰无力继续建造，所以索性卖给他国。若非如此，即使“老旧款”都未必买得到。可见，核心科技很难购买。

第二节　经济话题

经济话题与管理话题密切相关，与管理类联考结合紧密，更是经济类联考的指定范围。中国经济当前需要转型，我国提出的经济政策总方针是发展“高质量经济”，这个词语会频繁出现。

如何实现向高质量发展的转型？一是从高速增长转为高质量增长，因为我国人口红利逐渐消失，底子薄这一点已经总体改善。二是从资源型转为技术型，通过核心技术创新推动高质量经济发展。没有高新技术就只能从事资源型、加工型等粗放、初级的经济形式。三是大力发展高附加值、高科技含量、低污染、低消耗的产业。

经济发展与环境保护必须协调，既不能不顾环境，又不能一刀切（如简单一股脑关停污染企业）。两者应当相互协调，相互促进，既通过环保要求倒逼经济转型，又通过经济模式升级，淘汰高污染产业，减少资源型产业，促进对环境的保护。

这其中的关键在于，当地政府、企业、民众要转变思想，树立正确观念。很多人的观念中没有竖立环境重要性意识，穷怕了，急于发展，认为环境不重要，钱更重要，于是破坏公共环境，换取个人私利，只看眼前利益，一代人的利益，不想今后。这是短视的表现。这里面就出现了前面所讲的短视和责任（个人与公共）两个话题。此外，地方政府也应该改变唯 GDP 的考核方式。

发展高质量经济可以与多个话题关联。例如，高质量发展需要配套完善的法治环境以及契约精神等商业文化。近年来，我国不断优化营商环境，完善法治建设，为经济发展提供多重保

障。没有良好的营商环境,没有守信的契约精神,怎么可能建设高质量的商业文明?此外,高质量发展还要做好知识产权保护,树立强大的、可信赖的国产品牌。所以,经济发展可以与法治、诚信、权利等多个话题关联。

经济发展,对内、对外都需要开放合作、互利共赢,不能闭门造车,需要共同富裕。对外,大家很熟悉,一带一路、上合组织、非洲论坛等多种形式,都旨在凝聚各国力量,开放、互利、合作。

对内的合作互利大家可能相对陌生,但同样需要我们了解。当下,国内经济发展的重要举措之一是"一体化发展"和"区域协同发展"政策,包括"京津冀协同发展""长三角区域一体化""粤港澳大湾区"等三个典型重点区域。各个省市之间的协同发展也属于开放合作、互利共赢。区域协同发展的困难在于打破行政藩篱、利益藩篱,应该看到不同省市的各自优势,相互形成差异互补,共同做大。但这需要总体统筹规划、相互配合。

第三节　环保话题

环境保护意义重大:第一,环境是人类生存的根基,破坏环境会威胁基本生存。第二,环境被破坏后,难以再生修复。

环境保护必须坚持的原则是,不能透支和牺牲后代幸福,不能以环境为代价换取一时的经济增长。以环境为代价换取的短期经济发展,最终还要投入到环境治理中。这等于是污染环境挣了钱后,再花钱治理环境。钱花了,环境还未必能够恢复。正如人的健康和挣钱的关系一样。

环境保护有四个主要困难:

1. 短视。只看眼前利益,不顾长远和持续发展。很多污染、破坏、过度开采利用的危害短期内并不显现，但其透支着未来的发展空间。

2. 公共责任缺失。环境保护属于公共领域，是“责任”话题的具体体现。个体可以从环境中获益，但未必承担环境遭到破坏的损失。所以，个体倾向于利用和享有环境资源，却不注意保护。这样的“权—责—利”错位就会导致责任真空，责任落实不到位。所以，应该完善环境使用制度和保护制度，谁污染、谁治理，谁获益、谁买单。此外，还要落实环境保护和治理的责任人。现在诸多地区已经采取河长制度，责任到人，保护河流。“权—责—利”统一，才算从制度上、从根本上落实环保责任。

3. 利益相关者的阻挠。例如污染企业的企业主等。通过破坏环境可以攫取巨大利益，这样的诱惑导致很多企业铤而走险、屡教不改，甚至暴力抗法。我国目前缺乏环境资源使用制度(立法)，缺乏有效的资源交易市场，导致环境资源(林木、石材等)使用成本极低、利润可观。利益相关者会以或明或暗的方式阻挠环保措施。所以，要保护环境，必须敢于触动利益，敢于亮剑，敢于执法。环保的重要性大家都知道，但是很难做到，就在于触动利益时阻力巨大。

4. 改变思维。环境保护工作有治标和治本之分。治标可以靠罚款、禁令和取缔等手段，但治本还要靠转变企业生产经营方式、经济增长方式。否则，简单地关停污染企业(一刀切)，当地许多企业和职工的生计又会成问题。所以，环保问题若想治本，就需要改变模式。但改变模式首先要改变思想，这是最困难之处。治标和治本的思维方式值得考生借鉴。

环境保护不能光靠自觉，还要靠制度，更要靠加大惩治力度。制度包括建立环保黑名单、细化环保标准和要求，增强环保

执法的可执行性和规范性。加大惩治力度是加重破坏者承担的后果。人的本性是趋利避害,当处罚带来的经济损失远大于破坏环境所攫取的利润时,即使出于理性思考和自身利益,破坏环境的行为也将大幅减少。当下环保力度不足跟制度不严、标准不细、处罚不重密切相关。

环境保护可以适当运用市场化手段,例如碳排放权交易、排污指标交易或拍卖等。对这些市场化手段可以探索尝试,但应该仅作为辅助手段。此外,环境保护还要靠科学技术升级改造,技术治污。所以,环境保护与经济发展、科技创新话题三者的相互关联度很高。

例如,治理汽车尾气排放问题就可以体现以上措施。治理尾气排放既要靠强制制度,又要靠细化技术标准,还要靠政府监督和加大惩处,最后靠技术手段。目前,全国范围内全面实施国Ⅴ排放标准。尾气排放不合格,强制不能销售,不能年检上路。这就是制度和标准。此外,环保部每年逐步加强大货车尾气排放监督检查和处罚力度,这就体现了政府监督和加大违法成本。同时,相关部门、企业还在尽力研发升级科技设备,通过尾气污染化简装置减少污染,这是科技治污。这个案例综合体现了以上措施。

第四节　文化话题

中华文化底蕴深厚、博大精深。弘扬文化可以提升民族自信,也有利于经济社会发展。我国传统文化中的诸多方面,包括诚信文化、义利观念、道德操守等,对当下社会有巨大益处。当下,中国正在不断弘扬传统文化。中央提出四个自信,其中就包

括文化自信。2019 年,中央还专门发文,要求全面推动和弘扬中医文化。弘扬传统文化,既有助于增强文化自信、民族自信,又有利于推动社会发展,还有利于在经济实力之外,展示中国软实力。

经济社会全面发展,不仅经济要发达,文化软实力也要发达。只有这样,才能被他人尊重。单单经济发达,仍然很难获得广泛尊重。文化可以输出,文化也能产生竞争力,能产生经济效益。不过,目前,我国文化产品的生产、传播和影响仍然偏弱,话语权少。比如通常一说到看大片儿,大家会想到美国;说到看美食指南,想到米其林;说到看动漫游戏,想到日韩。

弘扬传统文化,需要更新迭代,与科技结合,与当下趋势潮流结合,不能因为弘扬的是传统文化就不接地气、严肃死板。多年来,我国传统文化传播不足,也跟方法不当有关。当下不少新鲜的尝试值得鼓励。例如,火爆一时的《哪吒大闹天宫》,就是纯国产的动漫电影,运用了最先进的视觉制作科技手段。还有电视节目“中华诗词大会”,通过精彩的比赛机制设计,大大增强了观赏性和趣味性,收视率高居文化类节目前列。再如故宫博物院的单霁翔院长亲自打开故宫文化的传播思路,设计了《故宫日历》、故宫相关游戏,以及其他围绕故宫主题元素打造的文创产品等,让故宫和故宫文化一时间风靡全国。所以,弘扬优秀内容要有适宜的手段。

当然,弘扬优秀文化,也要抵制不良文化。应该看到,少数不良文化是存在的,但它们不是中华文化的主流和根本。弘扬文化还要去粗取精,适宜于当下。

第五节　交叉角度:知识产权话题

知识产权属于科技话题和经济话题的交叉结合话题,但又有特殊的地位,所以这里将其作为一个单独章节深入介绍。

创新是一个国家发展的不竭动力,保护知识产权是建立创新型国家的重要举措。盗版的存在不仅是侵犯著作权,打击创作者信心,干扰正常市场秩序,损害合法经营,更会损害创新文化的形成,不利于国家软实力的提升。

尊重版权是有价值的。经济学常识告诉我们,免费的可能是最贵的,免费往往导致无人创作与生产。知识产权制度的核心正是通过保护创作来推动智力产品生产的可持续性。

加强知识产权保护,更是我国推动经济高质量发展的内在需要。保护知识产权就是鼓励创新。知识产权是人才创新智力成果最科学、最完整、最核心的体现,是受法律保护的智力财产权。随着知识驱动逐步主导经济发展方式,这一无形财产权的重要性将日益凸显。只有切实保护好创新主体的知识产权,才能真正激发创新创业的积极性、加快创新型国家建设步伐,不断增强我国经济创新力和竞争力。

保护知识产权也是促进开放。加强对创新成果的有效保护,打造一流营商环境、服务世界各国创新主体,既能让“引进来”的国外投资者和技术转移者吃下定心丸,也会让“走出去”的中国企业增强核心竞争力,更好地推动我国形成全面开放新格局。

保护知识产权还有利于改善民生。毫不手软打击盗版侵权、假冒伪劣,不仅让“山寨”“三无”产品退出市场,也能助推更多优质产品涌现出来,更好满足百姓日益增长的美好生活需要。

保护知识产权面临许多困难。由于技术的隐蔽性,不少原创者需要花费大量时间和精力来证明侵权行为的存在。即使胜诉,侵权人可能也早已赚得盆满钵满,权利人的损失难以挽回,甚至因为诉讼成本较高,部分原创者和版权人直接放弃了依法维权的机会。

充分运用法律手段打击盗版行为,已成为社会共识。近年来,我国不断完善知识产权保护法律体系。从立法角度看,我国先后制定、修订十多部法律法规,将知识产权等无形财产与有形财产保护摆到同等重要的位置;从司法角度看,从最高人民法院设立知识产权法庭到各地成立知识产权法院(庭),知识产权法院体系从无到有,越来越完善;从执法角度看,在知识产权领域引入惩罚性赔偿制度,不断加大知识产权侵权违法行为惩治力度。

扫描二维码
回复"论说文之道"
领取配套视频

第五章　五种说服方法

论说文的本质是提出观点，论证观点，通过论证使读者信服，是一个说服的过程。在正面单话题中要说服读者认同我们提倡的观点，如论辩出真理，竞争中要合作，应该学会防范隐患风险等；在反面单话题中要说服读者认同我们批评的现象，例如学术拒绝跟风、学者拒绝功利，坚守原则、拒绝原则上等。这都体现着说服的含义。

有时，说服会变得更困难，因为出现了正反两种观点。此时说服会变得更加重要而尖锐，这就是“观点态度题”（亦称为观点辨析题、两难选择题）。观点态度题中，有两种选择或两方观点，而且各有好处，各有弊端，那么说服就变得更加困难。被说服者会考虑：为什么要同意你说的方案 A，而不相信另一个方案 B？被说服者会疑惑：你支持的方案 A 也有弊端，另一个方案 B 也有好处。所以，这种题更考验考生是否具有硬核的说服能力。

例如 2018 年真题，人工智能有推动社会发展的好处，但也有导致部分低端人群下岗失业的弊端；2017 年真题，研发新产品有获得数十倍丰厚利润的可能，但也有研发失败的风险。2005 年真题，丘吉尔面临着是保护考文垂市民生命，还是保护密码的抉择。类似的试题展示了 A 或 B 两种可能，各有好处，亦各有弊端。这时，无论选择哪一方，都面临着这一方也有坏处，另一方也有好处的问题。

同学们会问,选哪个是否有标准答案?可以这样说:没有强制答案和唯一正确答案,选哪个都不是一定不得分。但是每个题的两个选择中,通常确实存在更优的一个选择。更优代表着更好写,更有理,更容易拿高分。例如2018年真题是支持人工智能,2017年真题是选择研发新品,2005年真题是选择保护密码。不是说不这么选就不行,但是相反的选择将通向非常崎岖艰险的写作之路。

选定观点后,我们就要"扬长避短",就要扬我方之长避我方之短,扬对方之短避对方之长。这样合起来就论证了我方这个选择更好。简单地说,全文应围绕以下四个角度思考和写作:

	我方	对方
各有好处	我方好处确实真的好	对方好处其实未必好
各有弊端	我方弊端其实不要紧	对方弊端其实很严重

这种题最考验写作者的说服能力,最依靠写作者的思维能力,最不靠语言精彩。有道理,语言平实仍然可以平地惊雷;没道理,语言精雕亦只是虚张声势。所以,本章我们专讲五种最有用的"说服方法",用在观点态度题最好用。

第一节　短期长期选长期

当面临利弊,我们通常会从短期和长期的角度去看待,选择对长期更有利的方案,会看好处和弊端孰为短期、孰为长期。短期和长期之间选长期,这是理性而明智的领导者通常会做的选择。

2018年真题,人工智能,下岗失业只是暂时的,但人工智能的益处是长期的、深远的。那么,我们应该更重视长期有益的选

择。所以,我们最后支持人工智能,理由之一就是利是长远的,弊是短期(阵痛)的。

2017年真题,研发新品,稳定的三五年收益固然不错,但这只是暂时的,而企业的目标是要追求长远发展,建立持久的核心竞争力,而不是一时的稳定舒坦。如前面“变革创新”话题所说,企业身处竞争变化之中,一时的安稳保证不了长久。竞争是动态的,根据题干,企业三五年内还能领先,但题干并没确保其此后还能领先,我们不研发未必他人不研发,企业更应该选择长期有利的方案。所以,面对不同观点,通常应从短期和长期这个角度考虑,然后选择长期有利的。

当然,我们有两句口诀:短期长期选长期,局部整体选整体。也许有人会“杠”,说:“我就选短期怎么了?我就爱这么选。”对此,我想说两点:

第一,你的这个选择可能是从你个人利弊出发所做的选择,但要注意,题干是要你站在企业(2017)/社会(2018)/国家统帅(2005)的角度考虑,而非你个人的喜好、意志。

第二,我们只能说,短期长期选长期是普遍而理性的管理决策。大家注意,论说文被称为说理文。所谓说理,有个普遍原则被学界所公认——说理,说的是“公理”,讲的是“公理”。“公理”是指社会中大多数人普遍认可的道理。所以,今后遇到讲理,走在社会中,遇到个别人,说理也许解决不了问题,因为说理只能讲“公理”,而非某个人建立的“私理”。如果说理非说“私理”,那么就不是说理,说理就没法进行。短期长期选长期是普遍公认的道理。2017年真题,想选扩大生产未必不行,但要提出更有力的理由。“我就喜欢短期舒坦”,这不算合理的理由。

第二节　局部整体选整体

当面对利弊两难时,我们还会从局部与整体的角度看待,选择对整体更有利的方案。2018 年真题,人工智能,下岗失业是对"部分低端人群"的威胁,这是局部人群,而人工智能会对整个人类社会产生深远影响,这是社会总体。那么,可否因部分人群而不顾整体利益呢?不行,还是要从整体考量。所以,我们最终选择支持人工智能的发展,理由之一就是利是整体,弊是局部。

2005 年真题,丘吉尔面临是保考文垂市民生命还是保密码的决择。通盘来看,考文垂是局部的一个城市,而根据题干提示,保护密码最终带来了战役的胜利,关乎全局成败。请考虑,皮之不存,毛将焉附?没有国,哪有家?局部利益往往要服从于整体利益。所以,2005 年真题,我们支持保密码的理由之一是考文垂是局部地区,而密码则关乎全局成败,局部利益要服从于整体利益。

当然,可能有人持不同看法——难道考文垂居民的生命不重要吗?就凭"局部整体"就选择"保密码"?对此的回答:第一,真题作文中我们将提供若干个理由,形成组合式理由,支持保护密码,不止局部与整体一个理由,具体可参看教材范文。第二,考文垂居民的生命是生命,那么密码若用于战争,保密码就可能保护更多军人的生命,他们难道不是生命吗?这方面你是否考虑到?

所以,观点态度题其实挺有意思。它是真的在比拼一个人的分析能力和认知能力。相比正反单话题一半比分析能力、一

半比表达能力，观点态度题几乎全部比拼思考分析能力。

此外切记，两者的利弊比较，两者都有利，都有弊，不能单纯抓住己方的利或对方的弊去片面强调，这是不理智的。这是一场利弊的比较，如果脱离比较，仅强调一个点，这样是片面的，不管呐喊多少遍，也是自说自话，不足以说服人。只有把两者的比较作为说服过程，才能说服他人相信。可概括为：既然是利弊比较，就要用比较的方式作为说服过程，而不能以片面强调某方单一的点作为说服过程。

现实中，这样的歪理很多。比如有新闻报道，有人强行拉住高铁的车门，因为自己的家人还没上车。当相关人员说服教育他时，他反复强调，自己买了车票，有乘车的权利。这个权利他当然有，但是迟到了就不能乘车，否则列车晚点会危及公共安全。这时当事人反复强调自身权利就是没有意义的，因为个人权益必须跟公共权益做比较，单方面强调某点没有说服作用，这是一个比较过程。

第三节　收益风险做对比

观点态度题的本质是方向选择和说服认同。不同方向比较的核心还在于风险与收益的比较。比较既包括横向，也包括纵向，也就是既可以是把 A 与 B 的风险做比较，把收益做比较（横向比较），也可以是把 A 自身的收益与风险做比较（纵向比较）。收益与风险，即利与弊，将两者比较的总原则是——两利权衡取其重，两害权衡取其轻，综合选择收益更大、风险更小的方案。

2018 年真题，人工智能，下岗失业的波及范围相对有限、相对可控，而人工智能潜力巨大，充满想象，造福长远，会极大地推

动社会发展，提升人类工作、生活水平。这是将开发人工智能自身的利弊做比较，利相对大于弊。何况，人工智能本身就可以创造更多新的工作岗位，其创造的岗位很可能多于其取代的岗位。再加上这条理由，显然发展人工智能收益大过风险。2018 年真题作答可总结为：创造的岗位可能比取代的更多，部分取代是需要忍受的发展阵痛，理性地从利弊做比较，利大于避，应该支持人工智能并提早做好各方面的应对准备。

2017 年真题，研发新品，虽然扩大生产收益稳定，但毕竟收益有限。研发新品有更大收益（当然，风险也更大）。可这种风险对该企业来说是其承担得起的。这里有个潜在“线索”：根据题干所说，该企业处于产品畅销期，而非处于经营逆境，所以合理推断，这笔资金万一损失了，也不至于对企业造成灭顶的打击（还在畅销就是还能顺利回笼资金，自身造血）。所以，该企业可以考虑以小风险博大收益。

前面风险话题讲到的“风险五问”，其中就有一条——风险一旦发生，是否能够承受？不能承受，坚决放弃；能够承受就可以作为支持一博的理由之一。所以，2017 年真题可以作答：该企业正值畅销期，风险即使发生，损失并不致命，但研发新品收益极大。这是风险可控、收益丰厚的情况对比（写作时还会提供其他组合式理由：短期与长期看应该注重长期等，不止这一个理由）。

2005 年真题，丘吉尔将密码用于战争，将保护成千上万士兵的生命，相对于预警空袭作用更大。因为空袭更多是财产损失，试题材料也佐证了丧生人数为千人左右。而二战中多数战役涉及的士兵人数从几万到几十万不等。所以，用于战争对避免生命损失所起的作用更大。而且，密码用于战争可以尽早结束战争，从而保护更多平民的生命。因此，从利益角度看，保护

密码利益更大。当然。在该试题写作中，我们最后应该“兜底”——以上分析不是认为考文垂居民的生命不重要，只是作为统帅，必须理性决策，综合考虑全盘利弊。

第四节　弊端缺点可改善

如果要证明我方选择，就需要扬利释弊，正面回应我方选择的弊端缺点，化解对方发起的攻击。我方选择的软肋就是我方选择的弊端。所以，最优结果是证明我方选择的弊端可以改善，甚至可以消除。如果无弊唯利，那么将直接有力地支持我方选择。所以，看到一个题目，要从我方选择的弊端是否可改善和消除的角度来考虑。

2018 年真题，人工智能，下岗失业者可以通过参加政府组织的培训从而再就业，并不是永久失业、生活无着。所以，下岗失业问题其实可以解决，并非一定会造成严重的、不可逆的损失。这种下岗是一时的失业，从长远看是一种职业的转换。反过来想，没有这种转换，又怎么实现“把人类从低端繁琐的工作中解放出来”这一愿景？既然通过职业培训，低端失业人群可以再就业，这个主要弊端可改善，那么选择人工智能就变得顺理成章。“弊端可改善”是非常有利的支持理由。

2017 年真题，研发新品，同样可以表达，虽然风险存在，但企业可以通过多种措施来控制风险的发生，减少损失的可能。例如，事前的风险评估、事中的风险管理、设定风险阈值，通过合资或基金等方式分散风险等等。面对风险，有很多措施，不是无可作为。这些措施都可以降低风险，改善弊端。所以，写作中应写到这些措施，给予我方选择有力的支持。

第五节　备选方案不可行

如果说阐述“弊端可改善”是防守，那么指出“备选不可行”就是进攻，是向对方选择发起“攻击”。观点态度题无非有两种选择，当我们选择其中一个，另一个就成为备选方案。为论证我们支持的这个选择更优，可以分析证明另一个备选方案不可行。若证明成功，将有力支持我方选择。

2018 年真题，人工智能，支持还是反对？必须看到，人工智能是无法回避的技术趋势和浪潮，即使担心下岗失业，想要阻挡人工智能的发展趋势也不可行。因为技术趋势不会受人为意志的阻挡，该来的仍然会到来。所以，能够因为下岗失业就反对人工智能吗？不能，因为你从根本上反对不了，这是必然的趋势，反对人工智能这个备选方案不可行。所以，反对不可行，这就成为必须迎接人工智能、支持人工智能最有利的理由。事实上，试图阻挡人工智能，以这种方式避免下岗失业，可能给低端人群带来更严重的后果。相反的，及早谋划，提前准备，才更有可能降低人工智能带来的冲击。将这样的分析角度写到作文里，将为考场作文提供充足的思考性，为分析说服增加力度。

同样的，2005 年真题，丘吉尔通知考文垂这个措施其实达不到保护考文垂的目的。怎么讲？第一，避免了此次轰炸，并没有根本解决问题，德军空军没有受到任何损失，下次轰炸随时可以再来，哪天再炸你，就看德国空军的心情了。第二，如果密码没有用于战争，最终英国战败，全国沦陷，考文垂亦无法幸免⑦。

---

⑦当然，这用到了局部与整体的关系，这五种说服方式，相互之间有交叉。

所以，通知考文垂这个措施仅一时有用，从长远来讲达不到彻底保护考文垂的目的，措施无效、不可行。既然备选方案不可行，那么，保护密码的选择就显得更加合理。

不像正面的话题以褒扬为主，反面的话题以批评和解决为主，观点态度题要从正反、利弊两方面做综合分析，更注重从说理上说服对方认同我方。“扬我之长，释我之短，破彼之长，揭彼之短”，这就是观点态度题的16字方针！而其中要用到的以上五种分析说服法，大家以前可能没有学过，所以，应反复研读掌握，运用到分析当中，以理性而非口号、分析而非鼓吹的方式，实现以理服人的目的。

扫描二维码
回复“论说文之道”
领取配套视频

第六章　六个分析意识

观点态度题的重难点段落是分析比较段，得分关键全系于此。所以，上一章专门介绍了五种分析说服手段。而正面、反面单话题的重难点段落是成因分析段（析根源）和对策建议段（指对策）。所以，本章我们专门介绍六种成因和对策的议论分析方法。

一、“析根源”三板斧

第一，找人性；

第二，找文化、风气；

第三，找制度缺陷、监管漏洞、违法成本低。

首先，析根源要找人性因素。任何问题，分析问题的根源，首要是找人性。本书反复强调一个核心观点：“论说文，是一部人的历史。”一切问题的根源都是人性使然，没有逃脱人性的。无论趋利避害、跟风盲从，还是短视片面，任何个人、企业、社会问题，剖析问题首要是先谈人性。人性是内因，其余是外因，内因起决定作用，是一切行为的根本动机。

其次，析根源要找文化、风气因素。人受外界环境影响，学者跟风、学者功利、企业违法谋利，都跟社会大环境、大风气有一定关联。此外，许多人的行为有文化因素。比如，论辩出真理，可中国人为什么不爱论辩？这里有传统文化里提倡和谐、避免争端的文化思想。为什么原则流于形式非常普遍？这里有中国

是人情社会、人情难却的文化因素(当然,还有人性逐利因素)。所以,次之是谈文化、风气等外界影响。

最后,析根源要找制度缺陷、监管漏洞、违法成本低等约束不足的因素。约束不足不是哪个人犯罪的理由。例如,月黑风高,一男子看到一个年轻姑娘孤身一人,顿起歹意,意图不轨。这时,一个彪形大汉突然出现,吓得该男子灰溜溜地逃走了。请问,该男子企图犯罪难道要怪姑娘身边没人吗?分析根源,还是人性中的贪财好色是根本动机,而不是外界因素。当然,外界有漏洞、有空子是造成某些事实的辅因,但不是行为的动机,动机还是人性本身。所以,最后我们还应会分析外界约束不足等因素,但不要本末倒置。

以上是"析根源"的三大万能角度,请大家熟记,这对全年写作训练非常重要。

二、"指对策"三板斧

第一,提完善制度;

第二,提采取手段:加强监管,加重惩治(违法成本),运用科技手段等;

第三,提道德要求。

大家记住,"指对策"跟"析原因"刚好相反。人性是原因,但解决问题不能靠人性,因为人性若能解决,问题就不会犯。所以,解决问题要靠人以外的因素,最重要的首先是制度,要靠建立和完善制度。制度意识非常重要,靠制度才能长久地、根本地解决问题。这个制度,既可以是政府制定法律法规,也可以是企业、高校等制定规章守则。

其次,靠采取各种方法作为解决措施。第一,加强政府监管作为。因为社会问题的解决中政府扮演着核心角色,起到重要作用，所以先考虑加强政府监管。第二，考虑加重违法惩罚，提高违法成本。例如食品安全、环境保护、学术造假等方面，其实国内诸多领域问题的出现，都在于惩处轻微，威慑无力，违法成本太低。所以，违法者无所谓、不害怕。因此，必须提高违法成本，让违法行为得不偿失。第三，依靠科技力量，运用科技手段，依靠大数据、人工智能、生物识别（指纹、人脸）、数字科技等。社会发展到当下阶段，我们应该相信科技的力量。

最后，还要谈道德。在对策中，道德不能为主，不能先谈，否则会陷入单纯说教和喊口号的陈词旧调当中，没有实质措施，水平也仅停留在初中生的级别。但是，道德可以不谈吗？学者跟风、企业造假等行为，都单纯依靠制度、监管、惩戒这些外力吗？其主体就不该自我约束吗？显然不是。所以，最后还要做道德呼吁，例如，学者应该端正治学态度，企业应该走正道。这样就形成了内外合力的解决措施，文中对策也就比较全面。

三、六个成因对策

“成因分析”的特性在于由内而外，内因起决定作用，是根本起源，外因起辅助作用，所以先谈人性，后谈文化和约束。“对策建议”的特性在于从外而内，从刚性约束逐渐向自律自觉过渡。所以，成因和对策具有逆向性。

析原因的三点和指对策的三点，其实顺序不同，相互有不少对应。这很合理。因为有什么成因根源，自然提什么针对对策。所以，“析原因”跟“指对策”有不少重叠。梳理所有涉及的对象，可以分为以下六个要点：

（1）人性（道德）；

（2）制度；

（3）监管；

(4)惩治手段与技术手段;

(5)文化风气;

(6)知行不一(该点前面未出现,第六节将详述,可用于成因,也可用于对策)。

这六点,将在以下六节中逐个详细透彻讲述,这六点可以形成以下口诀:

1. 制度找缺陷,建立和完善;

2. 人性找原因,道德仍要提;

3. 监管有缺失,政府要作为;

4. 惩治要加力,技术来加持;

5. 文化找原因,风气要引导;

6. 知行不合一,好用真给力。

第一节　人性意识

记住一句口诀——"析原因,首先谈人性;提对策,终不忘道德"。在探寻"为什么会这么干"的原因时,最大的原因就是人性。我们分析哪些人性?首先包括前面的6个个人话题,还包括一些常见的人性因素,包括以下10个因素:趋利(贪婪)、避害(恐惧)、急躁、短视、片面、盲从、自我、自大(骄傲)、冲动、攀比等。

2010年真题,学者功利化,就有相互攀比的因素,看到有些商科教授到社会上开课、当独董、出书赚钱,一些其他学科的教授也坐不住了,逐渐形成功利化的风气,人性中攀比的本性起了很大作用。2008年真题,原则和原则上,为什么突破原则、违背原则的现象经常出现?因为人性都有逃避(避害)心理,希望原则约束别人,而不约束自己。2009 年真题,三鹿奶粉添加有毒物质,是人性的趋利(贪婪)、短视和急躁三合一发作的体现。2012 年真题学者跟风,是趋利、急躁、盲从三合一的表现。2020 年真题,企业忽视专家建议,背后是过于自大、不够谨慎的因素。

可以看出,从人性分析、从人性看待历年真题,就抓住了问题的本质,而且对考生来说不难掌握,很容易有话可说。所以,写作时务必树立人性意识,从人性角度分析思考问题。

人性和道德就是一体两面,是一个本质的两种提法。自私是人性,正直是美德;贪婪是人性,克制是美德;恐惧是人性,勇气是美德;所以,"析原因"所称人性和"指对策"所称道德,是相对性的称谓,本质所指相同,都是人的某种特性。

满足人性是人最大的行为动机。但人性有弊端,应该如何解决?解决首要靠制度,还要靠惩处和技术,最后靠呼吁和自觉。正视人性的存在并非屈从于人性的弱点,但只有正视,才是认知问题和有效解决问题的开始。所以,要正视人性。分析原因,首先要找人性。

第二节　制度意识

制度漏洞是许多问题的成因,也是解决之道。分析和解决问题离不开制度因素。个别现象可能是偶然的,但群体现象背后都有人性、制度等原因。

我们务必要建立制度意识。好的制度能把坏人变好人,坏的制度能把好人变坏人。有一个经典的和尚分粥的故事。几个和尚分粥吃,总分不均匀。后来有人想了一个办法,无论谁分都能分均匀,那就是让分的人最后拿。问题瞬间迎刃而解。分不

均匀，有人性因素在。但解决问题，很难诉诸人性的自觉。一个简单而巧妙的制度，就让问题不再是问题。

2010 年真题，谈到学术功利，剽窃、抄袭、造假，这背后有学术审核制度、惩戒制度和学术评价制度等原因。审核不严才会让抄袭的论文发表；惩戒不力才会让学者有恃无恐，甘愿冒险；学术评价标准单一，唯论文数量晋升学术职称，导致一些学者想尽办法抄袭编造。可见，在我们批判人性逐利这个因素之外，还要找寻制度漏洞和弊病。2009 年真题，三鹿奶粉事件，企业见利忘义行为的背后，也有食品安全制度、检验检疫制度、驰名商标免检制度等方面的制度漏洞。三鹿奶粉属于国家驰名商标产品，享受依法免检，这客观上延迟了毒奶粉的发现，加重了毒奶粉的破坏性。人性动机是根源，制度漏洞是条件。

制度设计有什么标准?

首先，制度设计必须符合社会实际要求，否则可能好心办坏事。制度属于手段之一，要以目的为导向。制度设计需要符合激励意图。例如，科研需要长期专注和投入，所以科研制度设计需要在考核指标和激励方案上鼓励长期行为，回避短期行为。

第二，制度设计还必须不断适应变化。因为制度是固化的约束，必须不断适应实情变化。例如，中国儿童身高超过 1.1 米须补票的规定是 20 世纪 80 年代的标准，但现在儿童身高普遍增长，这个标准已有几十年没做调整，已经不再适应当今社会需要。同样，网约车的乱象有法律法规、行业制度的空白等原因。通常，制度设计会晚于其约束对象的出现。所以，制度设计必须不断适应新变化、新发展。

第三，制度设计必须细化，强调可操作性，减少空白和漏洞。恰恰是一些法律法规只有原则性的规定而没有细化的标准，导致部分人钻空子,打擦边球。

制度意识对于解决问题非常有用,读者平时应注意建立这种意识。

第三节　监管意识

政府作为社会经济中枢,具有最大的管理和调节权力,以及资源支配能力。所以,社会话题、企业话题通常都不可缺少从政府和监管的角度所做的考虑。

2010 年、2012 年真题,学者功利、跟风行为,有学术主管机构、论文刊发机构审核不严、管理不严的问题(这里所称监管是广义的,包括各级政府和一些亦有监管职能的行业主管机关和行业自律组织)。2009 年真题,三鹿奶粉事件有政府监管失察的问题。该事件曝光后,河北省、石家庄市、国家食品药品监督管理总局多位领导干部被免职。类似的,还有近年轰动全国的长生疫苗事件。毒疫苗逃过严密的安全检查环节,流传到全国十几个省市,与监管缺失、渎职腐败不无关系。

监管必须依法办事,杜绝人情、寻租、腐败、权钱交易。所以监管本身也需要监管。例如,香港廉政公署 ICAC 内部亦有一个处室,专门监管 ICAC 人员。不过,监管既要到位,又要精简,该给市场的还要交给市场,政府要管该管的。所以,加强监管与简政放权并不冲突,与促进市场经济主体活力并不冲突。这里面又体现了程度边界思维。政府应该管好该管的事务,保证尽职尽责。

第四节　惩治和技术意识

人都是趋利避害的。惩是惩罚，治是治理。两者的力度都要加大。惩治的本质是抬高违法者为其行为负担的损失/成本（违法成本、使用成本），如排污处罚是加大违法成本；塑料袋收费是增加使用成本，通过价格杠杆减少使用。注意，价格杠杆在环保问题中是常用手段，注意处理环保问题的价格意识。

诸多领域惩罚太轻属于立法完善问题，需要不断推进依法治国，完善法律体系。违法者都会算计违法的利弊得失，企业丧德、学术败信、环境破坏等诸多问题都源于惩罚力度太轻、违法成本太小。当利益远大于损失时，不少人就会铤而走险，违法犯罪。所以，必须从根本上加大惩罚力度。简言之：不敢腐靠加大惩治，不能腐靠制度制衡，不想腐靠道德自律。

此外，技术是解决诸多问题的有效手段，本书在科技话题中曾有提过。例如应对论文造假现象，可以依靠加强科技手段，包括论文查重工具等，遏制类似事件发生。再如环保问题，可以依靠节能减排科技、净化降解科技、循环利用科技等技术手段，达到提升治污能力、保护环境的作用。用技术方法是仅有很少考生能想到的。

第五节　文化风气

许多现象可以从传统文化和社会风气的角度展开分析。2019 年真题，论辩出真理，为什么社会中人们普遍不愿意论辩？因为害怕冲突破坏和谐，这是文化因素。中国人觉得针锋相对地讨论问题意味着对立。即使是好朋友,也往往避免观点不一致,积极打圆场,而西方人往往不这么认为,这就有文化因素的原因。

2011 年真题,拔尖与冒尖。中国人不爱冒尖也有传统文化影响的因素,传统文化教育我们"枪打出头鸟",不提倡个人彰显。2010 年真题,学者功利化,有社会浮躁大风气的影响。2008 年真题,原则与原则上,有人情面子导致放松原则的原因。2015 年真题,为富与为仁,为什么为富不仁? 中国人的主流思想讲求成功,主张"成王败寇",以结果论英雄。仁不仁是手段,富不富是目的。所以,当手段阻碍目的时,手段当然成为牺牲品。相反,西方骑士(贵族)精神、日本武士道精神非常注重荣誉,决不能玷污荣誉,为此,即使牺牲性命也在所不惜。那么,人在这种思想之下就会宁愿牺牲为富,也不会牺牲为仁。这是两种思想,一个更注重结果,一个更注重手段。前者更现实,后者更有精神追求。当然,中国并非没有这样的精神,孟子曾说过"舍生而取义也"。只是百家争鸣,思想主张不止一种,舍生取义的意识未必在中国占据主流和上风。

文化和风气是造成问题的原因,却不是解决问题的主要方向,因为改变文化或风气,不是一朝一夕的事。其实,从根本上说,文化和风气几乎改变不了。所以,通常我们分析问题比较注重分析文化风气,但解决问题却很少提到改变文化和风气(几乎不提)。而且,尤其不要谈改变文化,最多只能谈改变风气。如何改变风气呢? 政府需要引导,媒体还要出力。

第六节　知行不一

知行观，或者说认识和实践的关系，是中国传统哲学的一个基本命题。《尚书》就将知和行并提，指出“非知之艰，行之维艰”。到了明代，“知行合一”成为陆王心学的重要哲学观念。

许多事情不是不知，而是不行。例如环保、例如核心技术自主创新。环保重要人人知道，但为什么知道却做不到？都知道自主创新重要，但真正做到的人寥寥无几。这都是知行不合一。知行不合一既是产生问题的根源，又是解决问题的入口。

知而不行的原因多样而复杂。首先，利益因素。比如应该站出来主持公正，但私下拿了利益，所以默不作声，三缄其口；知道环保重要，但违规生产利润滚滚，企业主也就装作不知道。其次，风险因素。创新当然重要，但毕竟有风险，一旦失败，损失的是真金白银。这还涉及责任因素。一旦失败，责任谁来承担？所以不敢创新。最后，知而不行还有短视因素、侥幸因素、懒惰因素等。

知行不一，危害巨大，必须严惩。“不知道”的可以教育，但是“知而不行”的最难办。表面认可，背地里另搞一套，这样做影响极其恶劣，应该严肃处理；不愿真做真干，本质上还是不认可。所以说，不行就是不知，至少是不真知。

知行不一可以作为析根源、提对策的一个万能理由，几乎所有问题都有知行不一的原因。相应地，解决对策都可以提倡知行合一，落实行动，积极践行。

第七章 七种思维方式

论说文是一场思维的比拼,以下七种思维方式不只属于某个话题、某种题型,而是可以改变我们看问题角度的思维方式,广泛应用在各种话题当中。

第一节 内因与外因

事物的内因与外因共同起作用,内因起本质作用,外因起辅助作用。如下面的模拟题“蜻蜓”,努力与机遇,共同作用,缺一不可。其他蜻蜓也有外在机遇,但是没有努力,没有飞上天。但是如果只强调努力,不顾外部环境、机遇和条件,也是片面的认识。这只蜻蜓不是光努力就飞上去的,如果写成“努力铸就成功”的中学作文则大错特错,必须辩证地看待两者的关系,研究生考试考查的是事物内外因的辩证关系。

模拟题“蜻蜓”

有一只蜻蜓,它的理想是飞到高高的云朵中,于是它不断努力,练习着飞翔。终于有一天,它准备好了,拼尽全力向高空冲去,一阵大风把它高高托起。其他蜻蜓羡慕地看着它,感慨着大风的功劳,却看不到风中挥舞的翅膀……

内因与外因关系是应用最广泛的问题分析方法,而且简单

易用。凡是遇到原因分析，第一是从前面“析根源”三板斧的三个角度分析；第二就是从内因与外因角度分析。2012/2010/2009 年真题，跟风、逐利、造假，都是既有内因，又有外因。内因是浮躁、逐利、丧失诚信；外因是制度弊端、监管漏洞。同样的，2013 年真题，飞机厂商合作，外因是竞争严峻、对手强大，内因是各自谋取利益最大化，内外因两者共同促成了厂商间的合作。可以看到，从内外因角度分析，获得了全新的分析思路。

人对内因和外因的认识经常出现片面看法，属于主观性偏差。外人偏于把别人的成功归于外因，觉得是机会好。而自己偏于把成功归于内因，认为主要是自己努力。所以，有时想要战胜片面很难，需要客观理性的认知素养，而非情绪化、立场化、利益化的思维方式。

第二节　目的与手段

目的依靠手段达成。好的手段可以实现目的，坏的手段无法实现目的，可能还会导致严重恶果。

北宋赵匡胤杯酒释兵权，目的是消除众多功臣的兵权，这在历代都是最敏感的事情之一。但是他采取了巧妙的方法，从而收获了良好的效果。相反，明朝朱元璋希望控制官员腐败，制定了严苛的刑罚，哪怕是轻微的贪污，也动则斩首。但是这样的刑罚最终也没有控制住腐败。这是由于加重刑罚这种手段没有从制度上根本消除官员腐败的机会，也就是手段治标不治本，导致最终目的无法实现。

目的相对稳定，手段不断变化。不同的目的需要不同的手段，不同的手段又将得到不同的结果。三国时，诸葛亮对南蛮孟获七擒七纵,战法不同往常,众将纷纷询问。这是因为诸葛亮要收服南蛮之心,而非取孟获之命。正因为目的与征讨曹魏不同,所以手段不同。

成功不能不择手段,卑鄙手段不能用,唯成功论危害极大,因为唯成功论只讲结果,不讲手段。但不择手段是可怕的、不足取的。人应该有底线,而非为实现目的什么都能干。前面所讲道德法律等约束,都是对行为的约束,本质就是对手段的约束(全书知识应追求融会贯通)。

"手段与目的"的思维经常会用到。2017 年经济类联考真题,是否应该对穷人提供福利?缩小贫富差距是目的,是否直接提供福利是手段,要看手段是否可以实现目的。2015 年真题,如何看待为富与为仁?实质上,为富是目的,为仁是手段。两者不是本质相悖。只是手段应该拒绝不仁,但目的可以追求为富。

2013 年真题,飞机厂商之间,合作是手段,共赢是目的,不要像中学时那样孤立地赞颂合作,应对研究生考试要提升思维深度。其实合作只是手段,合作有利则合作,合作不利则分家,并非合作就优人一等。合作只是实现目的的手段。所以,合作只是厂商的经营策略,仅歌颂合作说明没看到该题本质。

同样,2011 年真题,拔尖与冒尖,大量获取人才是目的,拔尖还是冒尖都是手段。考场写作时可以这样写:"手段之间关键不是好坏,而是哪一个更有助于目的的实现,且是否可以同时使用。其实,拔尖、冒尖都有用,所以都应该提倡,但冒尖偏弱,所以应该增加冒尖,继续拔尖。"从手段和目的的角度看拔尖、冒尖与人才选拔的关系,就抓住了问题的本质。如果没学过这种思维,就会陷入对两种手段的争论,只见树木(手段),不见森林(目的)。所以,必须掌握这种思维。

第三节　必然与偶然

必然中有偶然,必然从根本上决定事物的发展,偶然伴随其中出现。偶然中也有必然,偶然是个别现象,必然是其背后的本质。

智者看规律,愚者看表象。2007 年真题,司各脱命丧南极,有风险是必然,意外丧生是偶然,是否应该因为丧生而否定探险?是否该以偶然做判断?不能。意外丧生是偶然事件,不能借此否定探险事业和追求人生意义的行为。2012/2010 年真题,写作时可以说:“学者跟风和功利成为普遍现象,应该深刻探寻其背后的原因。个别学者如此可能是偶然事件,但成为普遍现象就有必然因素。”

不能把偶然当必然,偶然事件不是可持续的,不是必然的。如守株待兔,宋人把兔子偶然撞树当成会重复发生的规律,犯了把偶然当作必然的错误。当然,反过来同样不对,不能把必然当偶然。如模拟题“蜻蜓”和“中兴事件”。其他蜻蜓会认为飞上天空是靠大风,是偶然的,但没有看到这只蜻蜓的努力是其成功的必然因素。中兴事件看似偶然,但在中美贸易摩擦的大背景下,这样的事件早晚必然出现,而且前面讲过,中兴严重单一依赖美国芯片进口,所以美国逮住中兴下手,也非中兴倒霉(偶然),而是有其必然原因。从偶然和必然看,就是从看现象深入到看本质,可以立即提升作文的认知层次。

联系前面的话题,看到别人偶然成功,人通常都会产生急躁情绪,但须知,脚踏实地才是为成功积累必然因素,而且所谓的“别人偶然成功”很可能是你没看到其背后的必然因素。

“这天下就没有偶然，偶然是化了妆、戴了面具的必然。”钱钟书的一席话，不知打破了多少侥幸者的妄想。生活中，我们经常期待偶然事件的发生，并将此当作实现人生飞跃的节点，希望可以凭此因缘际会逆袭成功，却没有看到偶然的本质是必然的结果。决定人生成败的并非命运之棋无常的落子，而是我们内在的品质与长久的积累。

第四节　程度与边界

程度和边界是近义词，都是指事物会因为程度不同而发生变化。这是一个重要的思维方式。万事皆有度，唯度是艺术，凡事过犹不及。风可灭火，也可助火。吗啡可以救人，也可以害人。父母的关爱是好事，但过度就是溺爱。

谨慎是诸葛亮的人生标签，但这种谨慎既有好处，亦有坏处。“诸葛一生唯谨慎，吕端大事不糊涂”。诸葛亮的谨慎也让他放弃了魏延出子午谷北伐的建议，因而错失了可能奇袭的机会；也让诸葛亮事无巨细，忧劳过度，不算长寿。所以，即使是谨慎这样的优点，也有程度和边界，过犹不及，一旦超过一定限度，就改变了性质。

程度和边界思维背后的道理是“量变引起质变”。因为程度（数量）改变，以致性质改变，所以，要有程度思维（边界意识）。诸如个人权利、逐利、分歧、冒险、自信等等，几乎都有边界，过犹不及，离开定量谈定性，通常不准确。以个人权利为例，主张个人权利没错，但个人权利也要放在公共利益之中，不能侵害他人权利。比如在宿舍里，你想听歌，这是你的权利。但为了不影响他人，要戴耳机。再比如，你想早睡，也可以，但没法要求

别人提前关灯,可以自己戴眼罩。这就是个人权利可以主张,但有边界的事例。

管理尤其注重对程度的把握。作为本科在商学院读书的学生,大学期间,图书馆里所有的《哈佛商业评论》中文版,我一期不落(英文版我会翻开摸一摸,感觉“哇,都是知识”)。其中,我读过一句话——“管理是科学,还是艺术?”(这是《管理学》这门课最根本的问题。)作者这么回答:“管理越往下越是科学,越往上越是艺术。”这句话说得真好。同样是管理,越往上艺术性越高,意味着对程度的拿捏控制的要求越高。

美国心理学家 Losda 通过调查美国成功的企业发现,成功的团队采用5:1 比例,即 5 句好话配 1 句批评建议的话。全是颂扬,开始会令人开心,多了会令人厌倦,而全是批评则会使人恐惧、紧张、不满。所以,管理的艺术既有阳光明媚,亦有阴风怒号,关键是比例得当、程度合适。这个事例也是对于程度把控重要性的说明。

第五节　利人与利己

经济社会中普遍存在利人与利己问题,人类社会是互利共存的,商业行为有许多是交易双方的重复博弈。所以,最终只有利他才能利己,需要以利他的行为实现利己的目的。现代市场经济制度也是以此为出发点和总目标。因此,利人利己思维模型对许多企业和社会问题的分析都有帮助。

在低频交易中容易发生坑害消费者事件,因为交易频率太低,有些甚至可能一辈子只消费一次,例如家装、某地旅行社、婚庆(即使二婚,也不会当回头客)等。所以,这时坑害行为容易

发生。当双方长期交易时,商家才会更有动力提供最好的服务。例如,K12(中小学)培训机构的服务质量普遍好于考研机构,因为考研一般一辈子就一次,考不考得上,考生都不会回来重复消费。但 K12 从小学一年级开始,培训机构就要全力服务客户,服务好了可以续费很多年。

从利人利己角度,可以将行为者分成四类人:

	利己	不利己
利人	利人利己 企业家	利人不利己 慈善家
损人	损人利己 唾弃者	损人不利己 大傻瓜

市场经济不要求利人不利己,那是慈善,不是市场。最佳状态是达到利人利己,而底线是不能损人利己。损人利己的行为既不道德,也不符合市场规律,所以不可能长久。有读者可能想,那我是否可能"不利人(也不损人)而利己?"

广义来看,这不可能。就算你是到企业打工,不是自己做生意,难道不也是先给企业工作了一段时间,企业才发给你薪水的吗? 所以,还是先利人(老板),后利己。这个社会上,除了父母给零花钱,几乎找不到不利人而利己的机会,本质都是利人利己,只是你是否察觉而已。利人利己的思维方式是成功做事的关键根本,对今后个人的发展有很大帮助,我们应该学会从这个角度看问题,坚持这个理念。

先利人违背人性,而且周期长,所以不易做到。损人回报更快,符合急躁、短视的人性,所以普遍存在。良好的市场必须拥有良好的反馈机制和惩戒机制,才能正向激励"以利人利己"的行为;否则劣币驱逐良币,作恶者受不到惩罚,坚持为善者就会变少。品牌和声誉是反馈的沉淀,是良好的市场经济制度。

第六节　治标与治本

标，指事物的枝节或表面；本，指事物的根本或根源。标与本是相对而言的，标本关系常用来概括说明事物的现象与本质。扬汤止沸，不如釜底抽薪。扬汤止沸可解燃眉之急，但无法解决根本问题。釜底抽薪才能解决根本问题，但这需要有透过现象看本质的重要能力。所以，要做到从治标和治本两个角度考虑问题，最终实现标本兼治。

我们往往习惯头疼医头，脚疼医脚，只解决表面问题。这从本质上讲是行动上的勤奋，思想上的敷衍懒惰，并非真心想解决问题。例如，一说到扶贫就是拨款，而非助其建立谋生能力；一说到污染就是罚款，而非改变发展方式。到底有没有真正想解决问题？彻底解决问题往往复杂而艰难，治理表面往往简单而迅速。加之真正独立思考的人只是少数，所以多数人都是头疼医头，脚疼医脚，从表面解决问题。但如果真想解决问题，必须从根本上予以解决。

有一个朱元璋的一个反面事例。朱元璋想解决明朝官吏贪污腐败严重的问题，就制定了严苛的刑罚，动辄砍手砍脚、砍头灭门，但没有切中问题根源，所以，尽管最后杀了很多人，但腐败依旧严重。腐败由不敢腐、不想腐、不能腐三部分组成，仅解决第一个问题没有用。人是非理性动物，在诱惑面前随时可能会冲动，失去理性。所以，治理腐败应该依靠建立严密的监督、制衡、惩戒等一整套机制。

对标本关系如何看待和处理？正确的处理方法应该是标本兼治。我们说治本重要并非简单地否定治标，并不是治标不重要。处

理事情时,急则先治标,缓则先治本。这才是正确原则。但是要防止只治标、不治本的做法,解决问题最终要依靠标本兼治。

第七节 劣币驱逐良币

“劣币驱逐良币”法则揭示了低劣战胜了优秀、优质品败给了残次品这一现象。这是一个经济学概念,适用于讨论信息传递“滞后性”的弊端,例如诚信危机、知识产权(游戏、小说、影视等山寨盗版横行、学术抄袭造假)、社会资源配置(我做研发,你打广告)等诸多现象。

所以,对于不良现象必须及早治理,否则,“劣币驱逐良币”——掺假的赚钱了,足料的倒闭了;作弊的高分了,复习的失望了;抄袭的发财了,原创的心寒了;炒作的成名了,专心的也就坐不住了。社会中的主体是相互影响的,学好很慢,但学坏很快;相信很难,但不信很快。正如名言有云:从善如登,从恶如崩。

“劣币驱逐良币”广泛应用于历年真题。2009 年真题,三鹿奶粉事件,当时查出的不仅是三鹿集团,广东雅士利、内蒙古伊利、蒙牛等一大批企业也在牛奶中添加了一定量的三聚氰胺,只是剂量不大,未像三鹿集团那样造成严重事故。当时社会上流传一句话:“别人是往奶里加三聚氰胺,三鹿你是往三聚氰胺里加奶。”为什么大批企业相互效仿这种做法?商业竞争是成本竞争,一个使坏,降低成本后就可以打价格战,坚持不跟着做的人可能成本居高不下,可能支撑不下去,如果这时监管者不出手,其他企业最后也会跟着做,以致最终造成劣币驱逐良币的恶果。

第八章　八个核心段落

本章介绍写作的八个主要段落。全书主体内容以心法为主，本章内容属于浓缩写作技法的精华部分，完整内容参见教材《管理类、经济类联考田然写作通关指南》。

全文写作建议写6个段落，比较适合700字的考试要求。除开头、结尾外，主体段落有4个，建议每个段落主写一个方面、一个角度。按照不同段落的功能，我们将所有段落分成8种，写作时选取4种：

可选段落	段落名称	本质内涵	含义解释
1	议	本质性	议论材料，解释论点
2	正	合理性/有利性	这么做的好处
3	反	必要性	不这么做的坏处
4	析	根源性	为什么不这么做/为什么这么做
5	疑	困难性	考虑对方立场，打消对方顾虑
6	策	对策性	怎么做
7	联	现实性	联系实际社会/提出呼吁倡议
8	兜	局限性	提示勿非此即彼或还需其他条件

第一节　议

议,指议论材料,解释论点。议通常放在第二段,承担两个角色。第一,议论材料,达到考纲要求的“对命题或材料所给观点进行分析”。有时材料值得单独成段,对其深入细致地分析,此时可以用第二段专门分析材料。第二,解释论点,有时论点虽然在首段已经提出,但内涵复杂,没说明白,此时可以用第二段补充阐述说明。

考生经常感觉“议”段与开头段很相似,问区别在哪里。如果试题材料容易概括,开头段轻松完成“概括材料 + 引出论点”,那么相当于含纳了“议”段,不需要再有。相反,若材料一句两句不易概括,或材料值得单独议论阐述,则通常在第二段再单设一个“议”段。例如 2015 年真题,为富与为仁,参考范文前两段为:

对为富、为仁历来有两种观点,或认为对立,或认为统一。在当今社会,我更认同后者,为富为仁可以兼得。

“为富不仁”和“为仁不富”是在当时的生产关系和时代条件下做出的判断。然而时过境迁,在当今时代的体制、技术、环境下,我们不能再囿于富仁对立的思想藩篱,既要传承仁义之风,又要鼓励合理创富。

第二节　正

“正”是从正面陈述合理性、有利性,好处、意义、作用,可以列举事例。若有事例,通常用在本段,后面的段落集中展开分

析。本段的目的是从正面好处的角度说服读者相信论点。

(主旨句)主动应变意义重大。(解释句)因为变化是无法躲避的,任何企业和个人都无法独善其身。先动者占据先发优势,后动者只能勉强跟随,稍有不慎还可能惨遭淘汰。(分析句)只有主动应变,才能使赶超者弯道超车,使领先者立于不败之地。主动应对竞争变化,争取竞争优势才是高明之举。

(主旨句)人工智能可以为人类创造出非常可观的经济效益。(举例句)BAT 等科技巨头已经纷纷布局人工智能,科大讯飞在语音识别方面也取得了不小突破。(分析句)人工智能可以做大量人类不想做、不敢做、不能做的工作,而且机器精准度高、成本低、可持续工作,这就极大地解放了人类,并提供出人工劳动原本无法提供的产品和服务。

第三节　反

"反"通过陈述忽视论点的危害、恶果,从反面说服读者接受论点。危害力争写得透彻、深刻,通常应适当上升高度,看到背后危害、潜在危害、负面示范、对社会和国家的危害等,措辞应该严厉。"反"字数通常短于"正"。有时,"正""反"可合并为一段。"反"有事例可举,没有可不举。

"积极应对变化"作文的"反"段:

反之,如果忽视变化,或者怀有侥幸心理,无论是产业巨头还是市场翘楚,都可能江河日下,快速消亡。诺基亚曾是手机领域的巨无霸,柯达曾是胶卷相机时代的巨擘,由于忽视产业变化,最终导致其快速失去市场,经营濒临破产。

2010 年真题拒绝学术功利的"反"段:

与此相反，总有许多浮躁的学者，“身在曹营心在汉”，受到利益、名声的刺激与驱使，胡乱造假、东拼西凑、急功近利，不仅没有真正的有益成果，而且可能陷自身于囹圄，更有甚者会败坏整个领域或国家的荣誉。

第四节　析

“析”的含义首先要界定出来：正面单话题中，“析”＝“为什么不这么做”；反面单话题中，“析”＝“为什么要这么做”。总之，都是分析反方的理由根源，最终为说服反方做储备。先弄清楚反方为什么持反对意见，后面就可以对症下药，化解反方观点立场。所以，这段承上启下，意义很大，正面单话题析不这么做的原因，反面单话题析（错误事情）这么做的原因。

例如“合作”话题，正面单话题要说服别人认同，所以论述正面合作的好处和反面不合作的弊端后，“析”段就会研究分析：既然合作这么重要，为什么还有人不愿意合作呢？通过分析找到原因，进而对问题加以解决。例如，通过分析发现，不合作是因为双方不信任，那么后面的对策段就要提出建立信任的手段（第三方担保、签订合同、公证等）。

例如“造假”话题，反面单话题要剖析问题，提出对策。所以，谈完造假问题的危害后，“析”段就会分析问题成因、根源，“为什么会造假？”找到原因，进而提出针对性的解决方案。所以，此时析问的是“为什么要这么干”。

所以，正面单话题的“析”是“为什么不干这件好事？”；反面单话题的“析”是“为什么要干这件坏事？”。总之，都是剖析对方，为提出对策解决问题提供准备。

(2013 年真题)竞争者为什么更难合作？究其原因，同行之间常视对手为“冤家对头”，因此妨碍了发现合作契机，限制了双方思维格局。更深层的，竞争中的合作难在先要放下成见、摒弃前嫌，这对思维、利益、情感都有挑战。应该看到，竞争天然存在，也有利于促进革新进步。但竞争不是唯一，也不是企业存在的目的，无论竞争，还是合作，都是实现目的的手段。如果合作可以使彼此双方和整个社会更好，竞争中的合作就应该被鼓励和尝试。

第五节　疑

什么是“疑”？如果我们想说服他人，那么打消他人的顾虑必不可少。既然对方还没接受你的观点，还需要被说服，那么通常对方是怀有顾虑的，如果不打消这个顾虑，即使我们陈述多少理由好处，还是在绕道走，没有解决问题。

“疑”是站在对方角度，替对方考虑，提出合理的对我方的质疑，即对方的顾虑。这种写法颇有挑战，因为是替对方质疑我们自己。当然，疑只是第一步，接着我们要“释疑”，回应这个疑虑，打消这个疑虑，这样对方就容易接受我方观点，达到强化论点的作用。

“疑”要恰到好处，既质疑合理，又不动摇论点，通常有三种方法：

质疑这么做的“必要性”；

质疑这么做“不可行”或“有困难”；

质疑这么做“有恶果”。

这类似逻辑考试的削弱题，两者本质原理相同，“疑”就是

在试图削弱。“疑”只是第一步,后面更加关键。那么,如何回应质疑?

首先,“疑”不是胡搅蛮缠,通常部分有理,通常先要“让步承认”,承认对方有一定合理性。接着,要展开深入分析,讲道理,做推理,指出“疑”看似有理,但只知其一,不知其二,进而“反驳对方质疑”或“提出两全对策”(驳或策,二选一)。若对方的疑虑我们可解决,那就优先提出解决对策,两全其美,双方皆大欢喜。若对方的疑虑在我们看来,要解决,应该改变对方的看法,这个疑虑不要紧,那就采取反驳讲理的做法,说服对方改变理解看法。

所以,“疑”的四字诀概括为:“疑—让—析—(驳)/(策)”。

(1)“疑”必要性:

(2007年真题)(疑)有人说,过好平凡的生活不好吗,为什么非要追求人生意义?(让)确实,意义不是与生俱来的,也不是谁强加于你的,可以不追求。就像司各脱探索南极是他自己的选择,不但没有人强迫,甚至有人提醒他危险。(析)但是,人生匆匆数十年,这对于有志者来说,不仅是生活,也是对世界有所贡献的机会。只有抓紧人生,立志追寻和实现某种人生意义,才能做成或大或小的事业,留下生命的痕迹,贡献独特的价值。(“疑—让—析”,未强驳。)

(2)“疑”不可行或有困难:

(2010年真题)(疑)有人说,身处功利化的社会,独善其身谈何容易?(析)这只是为自己功利化的行为找的借口。“结庐在人境,而无车马喧。问君何能尔,心远地自偏。”陶渊明诗中短短几句话就揭示了这赤裸裸的谎言。(驳)如果有一颗不浮不躁的心和脚踏实地做事的信念,又岂能忍受不了孤寂,看穿不

了陷阱,看淡不了诱惑呢?(“疑—析—驳”,本段未让,彻底驳,因为题干要求反对功利化,所以此疑必须驳倒,不留余地。)

(3)“疑”有后果:

(2017 年真题)(疑)有人担心研发的风险和损失。(让)诚然,研发伴随着风险,这不可回避。研发也可能失败,吞噬企业资金。(析)但创新与风险相生相伴,这世上又哪有没有风险的创新呢?也正是风险和损失吓退了许多觊觎利益的潜在竞争者,为企业争取了超额收益的可能。可以说,没有风险,也就没有超额收益。(驳)我们应该少点稳赚不赔的念头,树立客观的风险收益认知。(补析)何况,企业正值畅销期,失败至多损失现有资金,未来仍有稳定收入。倘若未来滞销,更难实施研发。(“疑—让—析—驳”四步完整,最后驳斥了怕风险这一现象。)

(2018 年真题)(疑)有人担忧随之而来的失业浪潮。(让)确实,人工智能将部分替代人类的低端劳动,这不能回避,也不应回避。(驳)但是,替代低端工作、解放人类,这不正是人工智能的部分意义所在吗?对于这个新挑战,我们不该简单畏惧或担忧,(析)而是应该从整体、从长远看待其中的利害关系。低端岗位人员失业可能是短暂的、局部的,但人工智能对人类发展的推动作用是整体的、长期的、巨大的。而且,从历史看,局部群体通常无法抗拒社会发展趋势,技术进步的脚步也很少因某个国家或某个人群的忧虑而放缓。(反问句精彩,化敌为我所用,本段“疑—让—析—驳”四步完整。)

(2019 年真题)(疑)有人担心,论辩会产生冲突。(让)诚然,论辩会带来冲突,但对此不必惧怕和回避。(析)当今世界,从东西文化之争,到南北之间对话,从多元化的政治格局,到经济全球化的国际谈判,冲突无所不在。应该允许不同意见的存在。正是在冲突中，漏洞无法隐藏，矛盾得到暴露，进而才能制止错误，发现真理。所以冲突不但不可怕，还是发现真理的必由之路。(策)只要我们保持客观理性，相互尊重，广开言路，百家争鸣，就可以避免冲突变成争吵，把论辩用好，把真理越辩越明。(“疑—让—析—策”写法，可以借鉴。)

第六节　策

“策”是提出对策，又叫“怎么办”。论说文重在论证，即让人接受，使人相信，“正、反、析、疑”是全文核心段落，对策段属于辅助性质，但也不可忽视。凡事可行才更容易接受。所以，指出对策非常必要，因此，“策”段几乎不会缺席。不过，“策”段不好写，凡事发牢骚容易，解决最难。历年经验总结出两个化难为易的方法：

第一，按主体写，即个人、企业、社会、国家等。注意将主体覆盖全面：

外卖市场要想有更好的发展前景，需要多方共同改善推动。首先，有关部门需要尽快完善法律法规，加强监管力度(国家)；其次，外卖平台应细化准入规则，严格审查线上平台的入驻商家，严厉打击违反食品安全法的行为(平台)；此外，提供外卖的商家要诚信守法，严格自律，完善合理的考核激励制度，加强骑手培训(商家)；最后，消费者不但应该积极维护自身权益，也应该给予骑手宽容和理解。只有共同努力，才能促进外卖行业健康发展(用户)。

第二，按角度写，即指对策三板斧：制度、手段(惩治、技术)、道德：

因此，我们要尽快改革体制机制，完善科学合理的评价激励体系，让学者获得相应保障和应有待遇（制度），不必为生活操心，看别人眼红；还要严格考核、堵住漏洞，严惩投机取巧、不务正业的不良行为（惩治）；更要树立尊重知识、尊重科学的社会风气（风气）；当然，也要加强学者自我约束，重唤理想信念，坚持学术操守，共同守护宝贵的专一精神（道德）。

第七节　联

“联”或“呼”是接近收尾的段落。“联”是联系实际，可展现全文论点在实际生活的普适性，达到巩固论点的效果。“联”的通常做法有：联系个人、联系企业、联系管理、联系学术、联系国家等。“呼”是呼吁倡议，可单独成段，与联系实际二选一，也可以与联系实际结合为一段，有时还可以与结尾结合为一段，即以呼吁倡议为结尾。

（2017 年真题范文，前文论点为应冒险研发）当下中国，大众创业、万众创新方兴未艾、如火如荼。无论从行业规律还是社会环境，企业都应该奋发进取、科学决策、控制风险、勇敢创新，这是经营的需要，也是时代的要求。

这里既有联系国家、社会，也有呼吁倡议，整体又作为结尾段。所以，实际写作中不必循规蹈矩，应一气呵成，顺畅挥洒。

第八节　兜

任何道理，过犹不及，“兜”指兜底段，其一是避免过度和极端，指出不要非此即彼，也不能过度，对完善我方观点甚为有益；其二是指出还需要其他条件。任何道理通常需要多个条件作为支撑，共同作用，通过兜底显示出看待问题的全面视角。

兜底勿极端、勿非此即彼：

当然，不跟风，并不意味着彻底不借鉴、完全不学习。这是不同的概念。对竞争对手和行业趋势，当然应该关注，应该学习。但是我们应加以思考、妥善运用，而非为了利益，屈从于浮躁的心态，迷失了自己。

兜底还需要其他条件：

当然，要想成事，光有专注也不够，还需要时机、积累、团队、技术等诸多因素，但是相对于这些外部因素，千万不能忽视对自己内心的审视和观察，不能忽略对内心的“管理”。

两者结合兜底，既谈到不可极端，又顺势谈其他条件：

当然，企业需要创新并不是说随时可以创新，也不是说创新就是打破现有的一切，更不是说创新就不需要继承。相反，继承优良传统、工艺、经验，可以更好地启发创新，结合现有条件和环境，可以减少创新的难度，提高成功的可能。

扫描二维码
回复“论说文之道”
领取配套视频